Petra und Werner Bruns
Rainer Böhme

Die Altersrevolution
Wie wir in Zukunft alt werden

Aufbau-Verlag

ISBN 978-3-351-02644-8

Aufbau ist eine Marke der Aufbau Verlagsgruppe GmbH

1. Auflage 2007
© Aufbau Verlagsgruppe GmbH, Berlin 2007
© 2005 by Rainer Böhme, Petra Bruns, Dr. Werner Bruns
Einbandgestaltung Bea Klenk, Berlin
Satz Dörlemann Satz GmbH, Lemförde
Druck und Binden Pustet, Regensburg
Printed in Germany

www.aufbau-verlag.de

Unseren Eltern

Inhalt

Einführung: Die Altersrevolution	9
Die Rolle ihres Lebens:	
Ein Schauspiel in drei Akten	17
Die alten und die neuen Alten	29
Vom Revoluzzer zum Millionär	39
Weshalb die 68er leben und die Popper nicht	43
Warum das Alter abgeschafft wird	51
Die 68er: Porträt einer Generation	
Angst essen Seele auf:	
Wie sie wurden, was sie sind	55
Dagegen! Ein Lebensgefühl geht um die Welt	73
Der lange Marsch in die Toskana	85
Die Schicksalsjahre	89
Die 68er im Alter: Eine Typologie	101
Rentrop, der Rebellenrentner:	
Ein Fallbeispiel	111
Die wachsende Macht der Alten	117
Eine Revolution frißt ihre Kinder	125
Das Lied von der ewigen Jugend:	
Die Popkultur	135

Die Revolution, die aus der Pille kam 145
Die Leidenschaft, die sich im Alter noch verstärkt 155
Die hohe Kunst der Wahlverwandtschaften 167
Statt ins Altersheim auf den Mount Everest 179
Die neue Lust auf die Stadt 193
Die Berater der Enkel 197
Von »Gott ist tot!« zur Best-of-Religion 205
Ihr letzter Auftritt 219
Das Vermächtnis 225

Quellen 229

Einführung: Die Altersrevolution

Deutschland befindet sich am Vorabend einer bedeutenden Umwälzung. Was noch vor wenigen Jahren undenkbar erschien, muß heute ernsthaft in Erwägung gezogen werden: der Aufstand der Alten. Erste Anzeichen dafür existieren bereits: Mehr und mehr gerät der »Jugend-Wahn« der achtziger und neunziger Jahre in die Kritik, eine wachsende Zahl von Alten verweigert schlichtweg den Rückzug in das traditionelle Altenbild. Statt dessen strahlen sie von den Titelseiten von Magazinen und in Werbespots, okkupieren die Top-Plätze in den Bestsellerlisten und Talkshows und drängen verstärkt ins öffentliche Bewußtsein.

In Deutschland geht nunmehr eine Generation in Rente, die sich nicht in Schrebergärten und Seniorenheime zurückzieht, die weder sparsam noch angepaßt die verbleibenden Jahre ihres Lebens verbringen will. Vielmehr wird sich eine zahlenmäßig große, anspruchsvolle und protesterfahrene Generationengemeinschaft noch einmal daran machen, einen ganzen Lebenszyklus, ja die Gesellschaft insgesamt umzugestalten. Die 68er sind in die Jahre gekommen – ein Mythos geht in Rente.

Dieser Generation wird der gesellschaftliche Aufbruch der späten 60er Jahre zugeschrieben. Er gilt als Zäsur der Gesellschaftsgeschichte in der Bundesrepublik Deutschland, die nach Ansicht des Soziologen Heinz Bude ein »Davor« und ein »Danach« im kollektiven Selbstverständnis markierte. »Davor« lag das manische Ungeschehenmachen kapitalen Unrechts durch den Wiederaufbau, »danach« die Frage nach der Vergangenheit und die Forderung nach mehr Demokratie.

Die 68er-Generation war die erste im 20. Jahrhundert in Deutschland, die ohne größere materielle Not aufwuchs. Aber sie litt inmitten des Wirtschaftswunders unter der moralischen Erblast ihrer Väter. Sie wollte die Sprachlosigkeit einer Elterngeneration nicht akzeptieren, die sich mit dem Aufbau einer neuen Wohlstandsgesellschaft beschäftigte und dabei die »dunkle Zeit« vergessen wollte. So wurde diese Jugend zur moralischen Instanz ihrer Erzeuger: Sie hätten Hitler-Totalitarismus, Krieg und Holocaust nicht nur nicht verhindert, sondern nachgerade erst möglich gemacht.

Obwohl selbst konservativ sozialisiert, stellten die 68er sodann alles und jedes in Frage. Es gab keinen Lebensbereich, der nicht von den Füßen auf den Kopf gestellt wurde und wieder retour. Die alten Werte hatten ihrer Meinung nach jedwede Daseinsberechtigung verspielt. Selbst die Ehe wurde als ein

»chauvinistisches Herrschaftsinstrument der Bourgeoisie« gebrandmarkt, und Hochzeitsgeschenke galten als reaktionärer Kniefall vor dem Konsumterror.

In den Jahren 1965 bis 1971 tobten sich die Jung-Revoluzzer aus, es war die Epoche der Hippies und Blumenkinder, des Jugendprotestes, aber auch großer gesellschaftlicher, kultureller und politischer Veränderungen in der gesamten westlichen Welt. Die Nachkriegsgeneration erforschte von San Francisco über Rom bis Paris und Berlin mystische Philosophien, Halluzinogene, Spontaneität, Popmusik, freie Liebe und allerlei Utopien. Die Schlagworte und Namen dieser Zeit sind bis heute im Bewußtsein, und die Ereignisse dieser Jahre haben unsere Welt nachhaltig verändert: Bob Dylan, Timothy Leary, Woodstock, Altamont, Easy Rider, LSD, Mao, Allen Ginsberg, Beatles, Give Peace a Chance, Vietnam, Martin Luther King, Andy Warhol, Sexuelle Revolution, Bed-in, Christopher Street Day, Stanley Kubrick, Jimi Hendrix haben die Jahre überdauert.

Die Generation der 68er umfaßt die Jahrgänge zwischen 1940 und 1950. Rund acht Millionen Menschen gehören dieser Altersgruppe an, die nunmehr ins Rentenalter vorrückt. Nun, nach fast vierzig Jahren, soll diese Generation die Institutionen verlassen, durch die zu marschieren sie angetreten war und in denen sie mal mehr, mal weniger erfolgreich gewirkt hat: Politik, Wirtschaft, Justiz, Bildung und Kultur. Stets und ständig wollte sie »die Gesellschaft« verändern – und wer glaubt, sie würden im Alter von diesem Vorsatz lassen, der dürfte sich einer Illusion hingeben.

Die 68er haben es geschafft, gegenüber anderen Generationen eine Führungsrolle zu übernehmen. Sie haben das kulturelle, politische und soziale Deutschland mehr verändert als andere Altersgruppen. Die Frage freilich, die sich Generationenforscher immer wieder stellen, ist, ob es überhaupt die 68er-Generation gibt, der so unterschiedliche Akteure wie Joschka Fischer oder Daniel Cohn-Bendit, Uschi Glas oder Gila von Weitershausen, Günter Netzer oder Götz George, Hannelore Elsner oder Hanna Schygulla ein prominentes Gesicht verleihen?

Der Soziologe Helmut Schelsky hat bei der Definition einer Generationengestalt auf das Zusammenwirken von Generationenelite und Generationenmasse hingewiesen. Werden die Deutungsmuster und Lebensvorstellungen von vielen geteilt, entsteht eine Generation mit einem stark verinnerlichten Zeitgeist. Dies ist bei den 68ern der Fall. Entscheidend dabei ist, daß diese Generation so etwas wie einen kollektiven Habitus – eine Art Kollektiv- oder Gemeinschaftsseele – entwickelt hat, der ermöglicht wurde durch gemeinschaftliche Wert- und Normvorstellungen, einem ähnlichen Mode-, Musik- und Kunst- und Literaturgeschmack. Und dieser Habitus steht in krassem Gegensatz zum bisherigen Altersbild der Gesellschaft.

Weit vor Christus gab der Sage nach die griechische Sphinx Wanderern ein Rätsel auf: Welches Wesen geht morgens auf vier Beinen, mittags auf zwei und abends auf drei? Ödipus löste dieses Gedankenspiel, an dem so viele gescheitert waren: Es handelte sich zweifellos um den Menschen in seinen drei Lebensabschnitten: der Kindheit, dem Erwachsenenalter und dem Rentenalter, in dem man zum Gehen einen Stock, das dritte Bein, benötigt. So einfach war die Welt. Bisher. Wir allerdings sollten nicht so einfältig sein zu glauben, daß ausgerechnet die 68er sich auf ein Leben unter dem Diktat einer Gehhilfe reduzieren ließen. Vielmehr regt sich ihre Seele pünktlich zum Eintritt ins Rentenalter. Sie erstarkt derzeit aufs neue – die notorisch unerschütterliche Seele einer schon aus Prinzip widerspenstigen Generation. Sie wird sich gegen das antiquierte Altersbild zur Wehr setzen.

Die 68er werden für ein neues Alter und für einen neuen Horizont im Rentnerdasein kämpfen. So wie sie die Gesellschaft mit ihrer Jugendrevolte verändert haben, wie sie mit viel frischem politischem Wind die Sozialdemokratie umgestaltet und die Grünen und andere alternative Gruppen erfunden haben, werden sie nunmehr eine Revolution des Alters anzetteln.

Seit einigen Jahren hat die Gerontologie begonnen, sich intensiv damit zu befassen. Wissenschaftliche Disziplinen wie Biologie, Medizin, Psychologie,

Psychiatrie, Theologie, Ökonomie, Pharmakologie, Betriebswirtschaftslehre, Politikwissenschaft, Soziologie, Demographie, Pädagogik und Philosophie beschäftigen sich mit den Themenfeldern »Alte« und »Altern«. Schon in den 80er Jahren indes fragte der Altersforscher Hartmut Dießenbacher, ob am Ende ein Gerontozid – etwa durch Vorenthalten von Gesundheitsleistungen – unvermeidbar sei. Und Anfang der 90er Jahre entwarf der Soziologe Reimer Gronemeyer sein Horror-Szenario vom »drohenden Krieg der Jungen gegen die Alten«. Sie alle tragen dazu bei, das ideologische Rüstzeug für ein neues Altersbild bereitzustellen. Das hat in der Geschichte schon einmal funktioniert, als es darum ging, die Gesellschaft nach den Vorstellungen der 68er zu verändern.

Dieses Buch beginnt mit einer kleinen Geschichte des Alters und des Rentnerbegriffs, um zu verdeutlichen, wie »jung« das gegenwärtige Phänomen »Ruhestand« überhaupt ist und wie sehr es vom Wohlstand der westlichen Zivilisation abhängt.

Der zweite Teil des Buches ist für diejenigen Leser gedacht, die nur den Mythos 68 kennen, weil sie die 60er Jahre nicht bewußt erlebten oder noch nicht geboren waren, aber auch für diejenigen, die kräftig an ihrer eigenen Vergangenheitsverklärung mitwirkten und dies beharrlich weiter tun werden. Im Porträt einer Generation legt das Buch die Welt der 68er-Generation dar, ihr Denken, ihre Psyche, ihre Lebensmodelle, ihre Musik, ihre Moden, ihre Idole, ihre Lebensstile, ihre Rebellion und ihre Einstellungen.

Im dritten Teil des Buches schließlich wird die bevorstehende Altersrevolution der 68er in all ihren Facetten skizziert. Dieses Buch wagt einen Blick in die Zukunft. Wie werden sie leben? Was konsumieren sie? Wie sieht es mit ihrer Sexualität aus? Wie verändern sie die Ökonomie, den Arbeitsmarkt, den Finanzmarkt und den Immobilienmarkt? Wie beeinflussen sie die politischen Entscheidungen? Fest steht schon eines: Sie werden das Alter in seiner bisherigen Form abschaffen.

Die Rolle ihres Lebens:
Ein Schauspiel in drei Akten

Folgt man dem Soziologen Erving Goffman, ist die Welt eine einzige Bühne. Die Menschen sind die Schauspieler, der Titel des Stückes lautet »Das menschliche Zusammenleben«. Es gibt niemanden, der nicht mitspielt. Manchmal spielen auch Generationen Theater und nehmen ihre Rolle dabei sehr ernst, weil sie glauben, daß sie vom Schöpfer selbst den Auftrag bekommen haben, die Erde mit Gerechtigkeit auszustatten. Ralf Dahrendorf schreibt im Vorwort zu Erving Goffmans Buch »Wir alle spielen Theater«, ihm gehe es um den Nachweis, daß die Selbstdarstellung des einzelnen nach vorgegebenen Regeln und unter vorgegebenen Kontrollen ein notwendiges Element des menschlichen Lebens sei. Dabei sei »nicht die Moral die eigentliche Triebfeder für Handlungen, sondern vielmehr ein ganz und gar unmoralisches Vorgaukeln moralischen Handelns beherrscht sowohl bewußt als auch unbewußt die öffentliche Bühne«.

Der Mensch lernt vom ersten Tag seines Lebens an, Rollen zu spielen. Weinen und Lächeln sind die ersten nonverbalen Instrumente, die er dazu einsetzt. Nach kurzer Zeit schon dirigiert ein Säugling seine Mitspieler, meist die Eltern, und übernimmt die Regie. Seine Freude an diesem Spiel erlahmt nie. Das Baby entwickelt sich zu einem Persönchen und schließlich zu einer Person. Das Wort »Person« stammt vom lateinischen »persona« und hat auch die Bedeutung »Maske«. Der Mensch wird somit zur Personifizierung seiner Rollen. Welcher Art diese Rollen sind, hängt davon ab, in welches Stück er hineingerät und in welchem Ensemble er jeweils mitwirkt. Und natürlich davon, wie sich Rollen in der Gesellschaft entwickeln. So ist die »karrierebewußte, gut ausgebildete Hausfrau und Mutter« eine nagelneue Rolle, ebenso wie die Rolle des »Kindergartenkindes«, des »Kassenpatienten« oder des »Pauschaltouristen«. Seit der Erfindung der Rolle des »Industriearbeiters« im 19. Jahrhundert kamen immer mehr hinzu, in jüngster Vergangenheit gab es eine regelrechte Rollenexplosion. In den letzten 30 Jahren entstanden so »Globalisierungsgegner«, »Eventmanager«, »Mediendesigner«, »Streetworker«, »Aktivisten«, »Lobbyisten«, »Jugendhausbesucher«, »Frührentner«, »Harz-IV-Empfänger« oder »Yuppies«. Auch die Rolle »Rentner« oder »Rentnerin« ist gerade erst ein halbes Jahrhundert alt.

Einige Rollen verschwinden, ohne nennenswerte Spuren zu hinterlassen, andere sind dauerhaft und verändern die Gesellschaft essentiell. Es gibt Rollen, die staatlich verordnet sind, wie die des »Schülers«

oder des »Steuerzahlers«. Andere sind eher freiwillige, wie die des »Studenten« oder »Studienrats«. Rollen werden umdefiniert, umbenannt, umbewertet, erfunden, verworfen, an den Rand gedrängt oder verboten. Der Phantasie sind keine Grenzen gesetzt, der Regisseur heißt »Zeitgeist«, und der ist bekanntlich launenhaft, flüchtig und unwägbar.

Früher hingegen waren Rollen beständiger und eindeutiger definiert als heute. Am Beispiel der Geschlechterrolle zeigt sich der Wandel der Normen in den vergangenen Jahrzehnten besonders deutlich. Homosexualität war in West-Deutschland noch bis 1973 strafbar. Wohlgemerkt: Nur schwule Männer standen mit einem Bein im Gefängnis, Lesben kamen im Sexualstrafrecht gar nicht vor. Allein das zeigt die Willkür, mit der eine Gesellschaft Rollen und Sanktionen bei Zuwiderhandlung festlegt, und es zeigt den Wandel, dem diese unterzogen sind. Paragraph 175 (diese Zahl war in den siebziger Jahren noch gängiges Synonym für »schwul«) definierte die Abweichung von der Norm ebenso wie die entsprechenden Sanktionen. Heute bekennt der Regierende Bürgermeister von Berlin öffentlich: »Ich bin schwul, und das ist auch gut so.«

Die Geschlechterrollen zu revolutionieren, war erklärtes Ziel der 68er, und sie wurden von ihnen gehörig durcheinandergewirbelt. Dennoch bleibt zu diagnostizieren, daß wesentliche Merkmale der Geschlechterrollen weiterhin fester Bestandteil der Gesellschaft geblieben sind. So scheinen die eklatanten Benachteiligungen von Frauen im Arbeitsleben unausrottbar, während die Anforderungen an sie in Beruf und Familie durch den Ausbau einer Unmenge an neuen Rollensegmenten stark zugenommen hat. Dabei müssen sie gepflegt aussehen, sportlich sein, engagiert in diversen Initiativen oder wenigstens im Elternbeirat. Die Pflege des Heimes ist selbstverständlich ihre Sache, und in der Rolle als Liebhaberin darf sie nach einem 16-Stunden-Tag keinesfalls versagen: dies alles trotz 68er-Emanzipationsbewegung und 30 Jahre währender Gesellschaftsreform, die allerdings unter männlicher Hegemonie erfolgte. Eine Rolle indes wurde nahezu ausgerottet: die der »Hausfrau«. Wer sie für sich auserkoren hatte, erntete bei den Geschlechtsgenossinnen nichts als Mitleid, Hohn und Verachtung.

Die moderne Männerrolle ist ebenfalls ein typisches 68er-Produkt, das nie rechte Marktreife erlangen konnte. »Mann« darf ein Weichei sein oder ein Held, ein Künstler oder Chaot, ein Schwuler oder ein Macho, ein Allesversteher, ein Revolutionär, ein Patriarch oder ein Muttersöhnchen. Bis 68 war er das Oberhaupt der Familie, der Versorger, der Schutz und Sicherheit versprach. Jetzt hingegen ist alles recht und gefordert, der Mann wird zum unidentifizierbaren Wesen.

Die 68er haben die ohnehin vorhandene Rolleninflation nahezu ins Unermeßliche gesteigert. Nun kommen sie zu ihrer Glanzrolle: die des Reformers des Alters. Die Epoche der 68er: Ein Schauspiel in drei Akten.

1. Akt:
Die Rolle des »Jugendlichen mit beschränkter Haftung«

Die Rolle des Jugendlichen ist in allen bisherigen Gesellschaftsmodellen die eines Experimentierenden in einer beschützenden Werkstatt. Sie ist sozusagen »mit beschränkter Haftung« versehen, quasi eine »JmbH«. Eltern wissen ein Lied davon zu singen, welche Absurditäten ihr Söhne oder Töchter während dieser Selbstfindungsphase kundtun. Sie sind besonders zugänglich für alle möglichen Ideologien, Ansichten und paradoxe Logiken. Vor der Medialisierung der Welt war die »JmbH-Phase« überschaubar und von den Erwachsenen weitgehend kontrollierbar. In der Dorfjugend vergangener Zeiten kannte jeder jeden, jeder Erwachsene wirkte kräftig mit bei der elterlichen Kontrolle, und Auswüchse wurden durch Sanktionen auf einem akzeptablen Level gehalten. Dafür, daß sich diese Dinge grundlegend geändert haben, sind die 68er-Jugendlichen allerdings nicht allein verantwortlich. Weltumspannende Medien, schnell wechselnde Moden und Musik, medial allgegenwärtige Idole, umwerbendes Konsumverhalten formen die Heranwachsenden von heute. Statt der Dramen des Sturm und Drangs konsumiert man die medialen Angebote des Internets. Die 68er sind mitten hineingeboren in diese massive Expansion der neuen globalen Gleichmacher. Sie haben dies schon als Jugendliche weidlich ausgenutzt und neue Spielzeuge gern aufgegriffen in der modernen Rolle des Global Players.

Aus den genannten Gründen überträgt eine Gesellschaft Jugendlichen grundsätzlich wenig Verantwortung. Ihr Ideenhopping und Hang zur Idolverehrung hätte katastrophale Folgen für die Gesellschaft. Im Gegensatz zur Rolle eines heutigen Jugendlichen gehörte zu der von 68 jedoch etwas besonderes: die vehemente Einforderung von Selbstbestimmung und Mitbestimmung, damit die Welt besser werde.

2. Akt:
Die Rolle des erwachsenen Dauerjugendlichen

Die Rolle des Erwachsenen ist die eigentliche Hauptrolle im Leben eines Menschen. Junge Menschen werden seit jeher systematisch dazu erzogen, ein vollwertiges Mitglied der Gesellschaft zu werden, indem sie Verantwortung für sich selbst, für andere und für die Gesellschaft als Ganzes tragen und das Gemeinwesen in seiner Entwicklung und Tradition weiterführen.

Damit ist das Grundproblem der 68er-Erwachsenenrolle bereits benannt: das der Tradition. Die Tradition als Leitbild wurde von ihr rundweg abgelehnt. Wie aber kann einer den Hauptmann von Köpenick spielen, ohne auch nur eine vage Vorstellung vom Preußen des 19. und frühen 20. Jahrhunderts zu haben? In seinem Buch »Das Elend unserer Intellektuellen« spricht Kurt Sontheimer von »einer Art westlicher Kulturrevolution«, die ab 1967/68 eingeleitet wurde und die das politische und gesellschaftliche Denken und Handeln tiefgreifend verändert hat. Die Kultur des tiefen Mißtrauens gegenüber Autorität, Kapitalismus, auch der repräsentativen Demokratie gegenüber, erzeugte statt dessen eine Gesellschaft mit einer Tradition von »neuen sozialen Bewegungen« mit tagesaktuell wechselnden Anlässen und eine Tradition der Betroffenheitskultur.

Diese Kulturrevolution schuf neue Rollen der modernen Gesellschaft, Rollen, die es bisher nicht gab. Besonders deutlich wird dies im Bildungsbereich. Die Schule etwa sollte nicht mehr auf Leistung ausgerichtet sein, sondern auf soziales Verhalten, Mitbestimmung und freie Entwicklung der Persönlichkeit. Damit wurden an Lehrer neue pädagogische Anforderungen gestellt. Die Rolle des Lehrers als Autoritätsperson wandelte sich zur Rolle eines verständnisvollen »Kumpels« der Schüler und wichtigen Partners der Eltern im Erziehungsprozeß. Fürsorgeeinrichtungen und Gefängnisse wurden als Ausdruck struktureller Gewalt des Staates gesehen. Nicht die Strafe sollte in den Gefängnissen im Vordergrund stehen, sondern der Erziehungsgedanke. Dies führte dazu, daß in den Gefängnissen aus Aufsehern Erzieher wurden.

Die 68er schufen damit nicht nur neue Rollen, sondern übernahmen auch die Deutungshoheit der Gesellschaft bei den Themen Ehe, Staat, Sex, Wohnen, Mode, Bundeswehr, Krieg usw. Enthusiastisch und voller Ideale nahm eine ganze Generation von frisch ausgebildeten Pädagogen, Sozialpädagogen, Professoren und Erziehern diese neuen, selbstgeschaffenen Rollenbilder an. Die Elterngeneration ließ sie dabei mehr oder weniger gewähren und blieb eher passiv. Erstmals dominierten die Kinder ihre Eltern.

Das hatte fatale Auswirkungen, denn das Ergebnis war, daß die 68er-Generation gewissermaßen in ihrem Inneren jugendlich geblieben ist. Man kann so etwas »jung geblieben« nennen, man könnte aber auch sagen, sie seien nie erwachsen geworden, und wäre damit wohl näher an der Wahrheit. »Den 68ern war es mit der Zeit gelungen, in der Bundesrepublik ein rundum positives Bild von der Bedeutung ihrer Revolte für die Entwicklung und Modernisierung der deutschen Gesellschaft zu verbreiten«, konstatierte der Historiker Kurt Sontheimer, »so gelang es, die 68er-Bewegung zu verklären, sie in einen Mythos des Freiheitskampfes zu verwandeln, der noch immer fortwirkt.« Bereits 1975 erwartete der Soziologe Helmut Schelsky in seinem Buch »Die skeptische Generation« die »Dauergegenwart einer Protestgeneration« für die nächsten 30 Jahre. »Man wird«, schreibt er, »gerade unter den Jüngeren damit leben müssen, daß ein großer Teil der Lehrer, die die Kinder erziehen, ein Teil der Professoren, die die wissenschaftlichen Berufe ausbilden, sehr viele Pfarrer beider Konfessionen und vor allem der größte Teil der Journalisten, Medienproduzenten, Schriftsteller und sonstige Sinn-Vermittler die moralisch-politischen Loyalitäten ihres ›Protests‹ einhalten und offen oder verborgen nach seinen Grundsätzen lehren, predigen, informieren und handeln werden.«

Und ein Ende der Dauergegenwart der Protestgeneration ist nicht in Sicht.

3. Akt:
Die Rolle der Alten und ihre juvenile Inflation

Bei Erreichen des 60. Lebensjahres war bisher die Mutter- oder Vaterrolle auf ein eher bescheidenes Niveau geschrumpft, wer Glück hatte, spielte noch als Opa oder Oma eine Rolle in der Familie. Die Berufsrolle war gerade abgegeben und gegen die Rolle »Rentner« oder »Rentnerin« eingetauscht worden. Im Alter machte man Platz für die Jungen und kümmerte sich um die unmittelbaren Dinge des Lebens: das Haus oder die Wohnung, die Lektüre von Tageszeitung und Büchern, den Garten, das Schwätzchen mit dem Nachbarn oder den Bekannten, die man beim Einkauf traf.

Beschaulichkeit durchzog den Alltag. In gewisser Weise aber spielte man fast keine Rolle mehr. Bisher konnte es der Gesellschaft (und dem Staat) egal sein, welche Rolle der »Rentner« spielte. Aber die Probleme im Land sind unübersehbar. Stagnierendes Wirtschaftswachstum, marode Sozialsysteme, Kinderarmut, Bildungsdesaster, kaputte Straßen, verfallende öffentliche Einrichtungen und dergleichen mehr sind das Ergebnis der letzten 30 Spielsaisons auf der deutschen Bühne. Da wundert es nicht, wenn der 5. Altenbericht der Bundesregierung 2005 feststellt: »Die Innovationsfähigkeit der deutschen Wirtschaft läßt sich nur dann erhalten, wenn es gelingt, das Beschäftigungspotential älterer Arbeitnehmerinnen und Arbeitnehmer besser auszuschöpfen.«

So wird die Rolle des »Rentners« und der »Rentnerin« wichtiger, je mehr es von ihnen gibt, je größer die Verteilungsprobleme werden und, natürlich, je höher ihr Anteil am Konsumvolumen wird. Der Rest der Gesellschaft stellt daher auf einmal Anforderungen an die Rolle der Alten. Die Anforderung heißt: »Bring dich ein, sei ein dienstbarer Geist für die Gesellschaft, du hast doch Zeit genug.« Das Ehrenamt als bedeutendes Rollensegment der Alten wird zum Schlager.

Zu einer weiteren bedeutenden Rolle der neuen Alten wird die des Konsumenten, des umworbenen Kunden von Luxusartikelherstellern, Kosmetikindustrie, Reiseveranstaltern, Bildungsanbietern, Möbelherstellern, Autofirmen, Telekommunikationstechnikindustrie, Schönheitschirurgen, Feinkostanbietern, Internet- und Bioläden. Der ideale 60plus-Typ ist qualitätsbewußt, besitzt Markentreue und ist doch aufgeschlossen für neuartige Dinge. Einkaufen macht ihm und ihr ungemein Spaß, Geld ist bei zumindest jetzt noch sicherer Rente kein allzu großes Thema, man ist ein anspruchsvoller, verwöhnter Kunde.

Aber nicht nur als Konsumenten, sondern auch als intellektuelle Instanzen werden sie nach wie vor ihre Rolle spielen. Ihre Verantwortungsentlastung läßt wieder mehr Raum für die alten Illusionen, Ideologien, Ideale und Idole. Schließlich hat man doch auch weiterhin das tiefempfundene Bedürfnis, die Gesellschaft zu verbessern. Ein gutes Mittel dafür ist, wie seither, der Protest. Politische Einmischung in jeden Themenbereich steht ganz oben auf der Liste rollensuchender Polit-Rentner. »Ich halte meine Klappe erst, wenn der Sargdeckel geschlossen ist«, sagte der SPD-Politiker und Autor Peter Glotz wenige Tage vor seinem Tod. Es ist schließlich die Rolle ihres Lebens.

Die alten und die neuen Alten

»Ab heute bin ich Rentner!« Diese Worte verändern für Frauen und Männer das Leben radikal. Damit war bisher in unserer Gesellschaft klar: Man gilt unabänderlich als alt, als »altes Eisen«, ob es einem gefällt oder nicht, man ist per Gesetz »in Rente geschickt«, in eine luxuriöse Form von Arbeitslosigkeit.

Die meisten frischgebackenen deutschen Rentenbezieher sind heute etwa um die 60 Jahre alt und haben noch eine Lebenserwartung von etwa 20 Jahren vor sich. Das statistische Bundesamt hat 2004 errechnet, daß ein Mann im Alter von 60 Jahren noch durchschnittlich 19,2 Jahre zu leben hat, eine Frau 23,5 Jahre. Die Tendenz ist weiter steigend. Wissenschaftler des Max-Planck-Instituts für Demographie in Rostock sehen sogar keinerlei natürliche Grenze für die Lebenserwartung: selbst 120, 130 Jahre seien möglich. »Menschen zwischen 60 und 80 Jahren sind heute geistig und körperlich fit. Sie können sich mit ihren Potentialen weiter in die Gesellschaft einbringen. Nur: Man läßt sie nicht«, kritisierte die frühere Familienministerin Renate Schmidt im 5. Altenbericht der Bundesregierung 2005 und forderte: »Ältere Menschen sind ein Aktivposten in unserer Gesellschaft. Diese Tatsache muß stärker in das Bewußtsein der Öffentlichkeit gerückt werden.« Und der kürzlich verstorbene Altersforscher Paul B. Baltes behauptet: »Es gibt tatsächlich eine Reihe von Befunden, die das bisherige, so dominant negative Altersstereotyp als revisionsbedürftig erscheinen lassen.«

Wir sehen: Das tradierte Bild vom alten Menschen – und wie er sein Leben im Ruhestand zu gestalten hat – paßt längst nicht mehr auf den vitalen Rentner des 21. Jahrhunderts. Es stammt aus einem anderen Jahrhundert und existiert nur noch in den Köpfen, weil Alter bis vor wenigen Jahren kein gesellschaftliches Thema war. Die Realität der demographischen Entwicklung wurde erfolgreich verdrängt. Im 19. Jahrhundert war ein Mensch alt, wenn er nach jahrzehntelanger, zumeist schwerer körperlicher Arbeit aufs Altenteil ging, auf seine Familie und Nachkommenschaft angewiesen war wie ein Lastesel, der seine Last nicht mehr tragen konnte und ein Gnadenbrot erhielt, sofern man es sich überhaupt leisten konnte. Ein zusätzlicher teurer Konsument also, der nichts mehr zum Familieneinkommen beitragen konnte, ja nicht mal mehr eine Hilfe im Haushalt, sondern eine Belastung war. Für diejenigen, die keine Familie hatten, blieben nur die Armen- oder Siechenhäuser.

Daß Menschen aufgrund ihres Alters aufhören konnten zu arbeiten – also in Rente gehen – ist ein recht junges Phänomen. Bis Ende des 19. Jahrhunderts gab es nur im Ansatz so etwas wie eine Altersversorgung, geschweige denn eine Absicherung für Witwen und Waisen. Wer leben wollte, der mußte, ob er wollte oder nicht, seinen Unterhalt selbst verdienen. Damals gab es entsprechende Arbeitsplätze für Menschen, deren Leistungsfähigkeit nachgelassen hatte: Gärtner und Botengänger, Flickerinnen und Kinderfrauen konnten sich so gegen ein kleines Entgeld noch ernähren. Zum Lebensende, wenn man wirklich nicht mehr arbeiten konnte, griff der unausgesprochene Generationenvertrag, die oft zahlreichen Kinder oder Neffen und Nichten halfen finanziell aus oder sorgten für Kost und Logis – wohl wissend, daß sie selbst eines Tages in eine solche Situation geraten würden.

Die Entberuflichung des Alters begann erst mit der Industrialisierung. In einer agrarisch geprägten Gesellschaft – mit einer sehr geringen Lebenserwartung – gab es keinen Anlaß, Sozialversicherungen einzurichten, die Generationen waren füreinander da. Industriearbeiter hingegen mußten in erster Linie leistungsfähig und schnell sein, Erfahrung wurde weniger wichtig, noch weniger Gelassenheit und Weisheit. Der Mensch hatte sich der Arbeit anzupassen, nicht umgekehrt. Arbeitsplätze für Alte gab es folglich in den neuen Fabriken nicht oder nur sehr selten, und Großfamilien ließen diese Strukturen kaum mehr zu. Das Alter entwickelte sich in den urbanen Metropolen langsam zu einer eigenen sozialen Kategorie, die nach staatlicher Lösung verlangte.

Die Bismarckschen Sozialgesetze (1883–1889), die Vorläufer der Rentenversicherung, waren eine Reaktion auf Forderungen der Industriearbeiterschaft wie auch auf die sozialen Folgen dieser Arbeitswelt. Es war zugleich der Einstieg in die Verstaatlichung der Selbstverantwortung und Selbstbestimmung. Der Sozialstaat begann ab diesem Zeitpunkt, ein Eigenleben zu führen. Die Alters- oder Invaliditätsrenten reichten bis 1957 noch nicht fürs Überleben. Und auch das Erreichen des Rentenalters (es lag 1889 bei 70 Jahren) war eher ein seltener Glücksfall. Erst 1916 wurde das Rentenalter auf 65 Jahre gesenkt und damit für mehr Menschen ein realistisches Ziel. Denn die mittlere Lebenserwartung lag um 1900 bei 45 Jahren, und der Anteil der über 70jährigen betrug gerade einmal zwei Prozent. 1957 lag die mittlere Lebenserwartung bereits bei 63 Jahren, trotzdem blieb das Problem »Alter« weiterhin ein zu vernachlässigendes Lebensrisiko.

Im selben Jahr traf der damalige Bundeskanzler Konrad Adenauer die Entscheidung, die Rentenversicherung vom Kapitaldeckungssystem auf das heutige Umlageverfahren umzustellen, und die Rente wurde dynamisiert. Adenauer war der Meinung: »Kinder kriegen die Menschen immer!« Die Solidargemeinschaft im heutigen Stil war geboren, der Generationenvertrag lag auf dem Tisch. Der Rentnerberg (oder besser: -vulkan) entfaltete seine ersten Wirkungen. Die Rezession und der Anstieg der Arbeitslosigkeit in der Nachkriegszeit, vor allem in den siebziger Jahren, führten schließlich zu einem weiteren Ausbau des Sozialstaates und zu weiteren, für alle Beteiligten noch attraktiveren Sozialgesetzen. Auf Kosten der Solidargemeinschaft durfte man seinen Arbeitsplatz immer früher räumen. Die Unternehmen konnten ältere Arbeitnehmer durch gut ausgebildete junge Menschen ersetzen. Wegen der notwendigen Einführung moderner Techniken und fortschreitender Computerisierung und Automatisierung sowie der unterschiedlichen Arbeitskosten eine durchaus nachvollziehbare Unternehmensstrategie.

Der logische Schluß aus dieser Entwicklung war klar: Alt zu sein bedeutet, über kein zeitgemäßes Wissen mehr zu verfügen bei gleichzeitiger Leistungsfähigkeit im freien Fall. Jung zu sein hingegen heißt, einen aktuellen Ausbildungsstand zu haben bei hoher Motivation. 1973 wurde das Rentenalter gesetzlich »flexibel« gestaltet und sukzessive mit diversen anderen Instrumenten wie Altersteilzeit, Vorruhestandsregelung, Zahlung von Altersrente wegen Arbeitslosigkeit und Übergangsgeldern angereichert. Invaliditätsrenten wurden mit einer sagenhaften Großzügigkeit zugesprochen, und da das alles noch nicht ausreiche, katapultierte man die, die noch nicht versorgt werden konnten, mit großzügigen betrieblichen Abfindungen in den wohlverdienten Ruhestand. Ein klassisches Beispiel von Wohlfahrtskorporatismus – alle waren zufrieden.

Durch diese Sozialpolitik entstand in Deutschland ein faktisches Renteneintrittsalter von zirka 58 bis 60 Jahren. Die Beschäftigungsquote der 55- bis 64jährigen lag 2001 bei 37,7 Prozent. Die Lebenserwartung der Menschen ist gestiegen, das Renteneintrittsalter gesunken.

Dies führte dazu, daß es den Rentnern heutzutage so gut geht wie niemals zuvor. »Der Seniorenpaß wird zur Eintrittskarte ins gelobte Land«, stellte die Autorin Heidi Schüller fest – und das gilt längst auch materiell. So hat das Bundesministerium für Arbeit und Soziales errechnet, daß Rentnerehepaare (vorausgesetzt, beide waren berufstätig) im Durchschnitt über 2360 Euro im Monat verfügen. Das ist mehr, als ein durchschnittlicher 45jähriger durch Arbeit verdient (1775 Euro). Hinzu kommt bei ihnen: Sie müssen nicht mehr in die Rentenkasse zahlen, brauchen keine Berufsunfähigkeits- und keine Risiko- und Kapitallebensversicherungen mehr zu unterhalten, haben zumeist keine Ausgaben mehr für Kinder, und fast jeder zweite Rentner wohnt mietfrei, da er über ein Eigenheim oder eine Eigentumswohnung verfügt. Zusammengenommen haben die heute über 65jährigen eine Kaufkraft von 293 Milliarden Euro im Jahr. Jeder dritte von ihnen spielt mehrmals im Monat Lotto, und 60 Prozent von ihnen spenden jährlich für einen guten

Zweck – mehr als jede andere Altersgruppe. Armut ist im Alter weniger stark ausgeprägt als in den meisten anderen Altersschichten. Hingegen sind beispielsweise über eine Million Kinder auf Sozialhilfe angewiesen.

Immer weniger Alte – und am allerwenigsten die jetzt ins Rentenalter eintretende Generation – aber wollen sich damit begnügen, lediglich die Früchte ihrer jahrzehntelangen Arbeit zu verzehren. »Das Potential, das viele Menschen im reifen Erwachsenenalter aufweisen, also zwischen 55 und 75, wird unterschätzt. Die vorhandene Erfahrung wird zu häufig nicht mehr genutzt, weder in der Arbeitswelt noch im bürgerschaftlichen Engagement«, bedauert in der »Zeit« Clemens Tesch-Römer vom Deutschen Zentrum für Altersfragen in Berlin und trifft damit genau das Empfinden vieler Älterer. »Nicht einmal 27 Prozent der deutschen Erwerbstätigen arbeiten noch in der Produktion (plus zwei Prozent auf dem Land); der Rest bewacht Schreibtische oder Ladentheken. Es gibt nur noch sehr wenig Knochenarbeit, dafür aber ein langes Leben nach 65, das nach sinnvoller Beschäftigung schreit«, stellt der Journalist und Autor Josef Joffe fest und fragt zugleich: »Obwohl sie jährlich um ein Prozent wachsen, haben die pragmatischen Amerikaner eine Pensionsgrenze nach der anderen im Kampf gegen age discrimination aufgehoben. Warum nicht wir? Warum nicht bis 70, 75?«

»Weil es keine Kultur der Arbeit im Alter gibt«,

behauptete Paul B. Baltes in »Die Zeit«, »wir haben ein System des Lebens, das für eine jüngere Bevölkerungsstruktur geschaffen wurde.« Er fordert in dieser Hinsicht ein radikales Umdenken, denn: »Es gibt nicht nur Schwächen, sondern auch Stärken des Alters. Das schnelle Denken der Jugend kann auch Nachteile haben, etwa dann, wenn Ausdauer, Klugheit und Besonnenheit gefragt sind.« Deshalb: »Die Frage, ob ein 60jähriger so kreativ sein kann wie ein 40jähriger, ist im Moment nicht beantwortbar, weil 60jährige in einem Umfeld leben, im dem sie nicht entsprechend gefordert werden. Es geht deshalb darum, bei einer Vision das zu denken, was prinzipiell möglich sein könnte, und nicht nur das, was wirklich im Sinne der gegenwärtigen Realität ist. Musils Unterscheidung zwischen Wirklichkeitssinn und Möglichkeitssinn ist etwas, was wir üben müssen.« Seine Kernthesen über das Arbeiten im Alter lauten:

- Ältere sind sehr verschieden voneinander.
- Für sie kann es nicht um Arbeit gehen, die viel physische Energie erfordert.
- Die Aufgaben, die sie künftig wahrnehmen, werden Gelerntes aktiv halten.
- Die Aufgaben werden sich nach den Interessenlagen der Alten richten – mit sozialer und emotionaler Intelligenz, also Dienstleistungen.

- Sie leisten einen Wissens- und Erfahrungstransfer an Kinder und Jugendliche.

Zu ähnlichen Ergebnissen kommt auch der 5. Altenbericht der Bundesregierung von 2005 und formuliert folgende Forderungen:

- Der Wissens- und Erfahrungsschatz der Älteren muß besser genutzt werden.
- Eine längere Erwerbsphase kann ein wichtiges Element erfüllter Lebensgestaltung sein.
- Für Ältere müssen Weiterbildungsangebote eingerichtet werden.
- Gegenüber den Alten ist eine »Anerkennungskultur« auszubilden.

Die Umwälzungen vom »alten« Rentner zum »neuen« Rentner sind demnach bereits in vollem Gange. Das tatsächliche »Altsein« ist schon längst nicht mehr abhängig vom Eintritt in den Ruhestand. Die Definitionskriterien der Sozialsysteme (was ist das Renteneintrittsalter) werden der tatsächlichen Leistungsfähigkeit der Menschen nicht mehr gerecht. Deshalb werden die »Alten« in Kürze nicht nur bis 67 Jahre arbeiten müssen und wollen, sondern bis 70 und selbst darüber hinaus, und sie werden sich im Ruhestand neue Formen von (selbständiger) Arbeit oder Freizeitaktivitäten suchen.

Die Altersrevolution der 68er nährt sich auch aus dieser Diskrepanz. Niemand möchte per Gesetz »alt« sein und von der Gesellschaft mit einem Stigma bedacht werden, dessen Ausprägungen nicht mit der Realität übereinstimmen. »Schafft den Ruhestand ab! Nicht nur, weil alles unbezahlbar wird, sondern weil er uns allen nicht gut tut«, gibt der Zukunftsforscher Horst W. Opaschowski als Parole aus. Es wird die neue Parole der 68er.

Vom Revoluzzer zum Millionär

Die steinewerfenden 68er-Blumenkinder waren vor allem anti: antifamiliär, antiautoritär und antikapitalistisch. »Schafft alles ab!« stand als Axiom über der Tür zur Mensa der Freien Universität Berlin. Gemeint war damit auch das Kapital, das Vermögen und das Geld der Reichen und Superreichen in der alten Bundesrepublik. Da erscheint es geradezu als ein Treppenwitz der Geschichte, daß ausgerechnet diese Generation, die wegen ihrer riesigen Erbschaften die »ökonomische Generation« genannt wird, im Alter über ein noch nie dagewesenes Ausmaß an Kapital verfügen wird.

Analysen zeigen, daß die 68er-Generation über deutlich mehr Einnahmequellen im Alter verfügen und deutlich mehr erben wird als die vorherigen Altersgruppen. Das liegt daran, daß die Eltern der 68er im Zuge des Wirtschaftswunders ein immenses Vermögen anhäufen konnten und in ihrer Werteorientierung auf Verzicht und Sparsamkeit ausgerichtet waren. Mit Karl Marx könnte man sagen, sie haben »das Kapital akkumuliert« und für die aufbewahrt, die eigentlich »damals«, 1968, alles verstaatlichen oder vergesellschaften wollten. Damals wollten sie das Vermögen verstaatlichen – jetzt sitzen sie wie Dagobert Duck auf genau dem Geldsack, der sich aus diesem Vermögen heraus auch noch vergrößert hat.

Nach der Studie von Margot Berghaus im Auftrag der Zeitungsgruppe BILD »Die 68er-Generation: Zwischen Cola und Corega-Tabs« sieht die finanzielle Zukunft der 68er-Generation ausgesprochen ersprießlich aus. Ein Blick auf die Quellen, die künftig im Alter die laufenden Einkünfte speisen werden, zeigt folgende Situation:

- 87 Prozent werden eine Rente oder Pension beziehen, dazu
- 36 Prozent Zinseinnahmen,
- 33 Prozent Einnahmen aus einer Lebensversicherungsrente,
- 22 Prozent Einnahmen aus einer betrieblichen Altersversorgung und
- 18 Prozent Einnahmen aus Häusern, Wohnungen oder Grundstücken.

Acht Prozent der 68er-Generation werden oder haben bereits erhebliche Erbschaften antreten können, darunter vor allem Häuser, Eigentumswohnungen und Kapitaleinlagen. Das Erbschaftspotential, das auf die 68er-Generation übergegangen ist oder übergehen wird, beziffern Experten des Statistischen Bundesamtes auf rund eine Billion Euro. Das entspricht dem Dreifachen des Bruttosozialprodukts der Schweiz oder dem jährlichen Bruttosozialprodukt von Dubai. Damit wird nicht behauptet, daß es unter den 68ern keine Altersarmut geben wird. Allerdings wird sie längst nicht so verbreitet sein wie in der nachfolgenden Generation.

Die Kinder der 68er müssen nämlich damit rechnen, daß sie nur in den Genuß erheblich kleinerer Erbschaften kommen werden. Denn es ist davon auszugehen, daß ihre Eltern weniger rigoros sparen, einen größeren Teil ihres Vermögens selbst verbrauchen werden und sich durch Patchwork-Beziehungen das Restvermögen nochmals verkleinern wird, weil eine immer größere Erbenzahl aus »Wahlverwandtschaften« auf den Plan tritt.

Die neuen Alten werden zum zentralen Angelpunkt der Konsumgesellschaft. Ob neue Autos oder Fernreisen, ob Feriendomizile auf Mallorca oder neue Aktienfonds, die Zielgruppe der Werbestrategen sind zunehmend die 68er mit ihrem Alterslifestyle.

Die brillante Einkommenssituation verschafft der 68er-Generation ein finanzielles Ruhepolster und mehr als nur auskömmliche Lebensverhältnisse. Andere Lebensbereiche werden davon tangiert. Wer im Alter nicht mehr für bessere ökonomischen Bedingungen sorgen muß, etwa durch Zusatzverdienste, der kann mehr Zeit investieren, um sich gegen das aufzulehnen, was den eigenen Vorstellungen widerspricht. Und wer

Geld hat, der kann auch neue Formen im Leben, im Lernen, in der Erotik, der Liebe und dem sonstigen Alltag durchspielen und damit zum Vorreiter einer Umwertung des Alters werden.

Weshalb die 68er leben und die Popper nicht

Jede Zeit hat ihre Kinder. Das gilt für die James Dean nacheifernden »Halbstarken« der 50er Jahre und die die Beatles und Rolling Stones nachahmenden »Langhaarigen« der 60er und frühen 70er Jahre wie auch für diejenigen, die ihnen in den späteren Jahren und Jahrzehnten folgen sollten. Da waren die »Ökos«, die buchstäblich in Sack und Asche gingen und das »Zurück zur Natur« der Blumenkinder zur Lebensphilosophie machten. Da waren die verwahrlost wirkenden Totalverweigerer namens Punks und die martialisch auftretenden Skins, die sich tief verfeindet gegenüberstanden. Da waren die Popper mit ihren bunten Karottenhosen und ihrer Selbstverliebtheit. Da waren die Rocker und Teds mit ihren Anklängen an die 50er Jahre. Und da waren die Yuppies, die »Young Urban Professionals«, in ihren Boss-Anzügen und Prada-Kostümen, denen nichts wichtiger war, als möglichst viel Geld zu machen und es möglichst schnell wieder auszugeben. Sie alle aber, obwohl zu ihrer Zeit bedeutsame Jugendbewegungen, verschwanden so schnell wieder aus den Köpfen, wie sie hineingekommen waren. Sie sind genauso »out« wie Nouvelle Cuisine und

Sushi, diese Begleiterscheinungen der Yuppies, als die Börse zu boomen begann und eine Zukunft in Saus und Braus verhieß. Von den Ökos, Punks, Skins, Poppern, Rockern, Teds und Yuppies spricht heute kaum jemand mehr. Und dabeigewesen sein will aus heutiger Sicht auch kaum noch einer.

Anders bei den 68ern. Popper und Rocker sind tot, sie jedoch leben – als Generation und im öffentlichen Bewußtsein. Das ist so, weil es einen »Geist von 1968« gibt. Ein »Geist«, der durch eine ganze Generation vermittelt wurde und der mit dem zeitlichen Abstand zu den Ereignissen sogar noch deutlich gewachsen ist. Ein »Generationenzusammenhang«, so stellte die Soziologin Erika Hoerning fest, »entsteht nicht allein aufgrund der chronologischen Gleichzeitigkeit der Geburt, sondern durch die gemeinsame Teilhabe an bestimmten historischen Ereignissen. Eine Generationeneinheit bildet sich erst dann heraus, wenn aufgrund einer gemeinsamen Problemlage ein bewußter Zusammenschluß von Individuen stattfindet.«

Das Jahr 1968 schuf eine solche Einheit: Im Vietnamkrieg tobte die Ted-Offensive, der Prager Frühling wurde blutig niedergeschlagen, Rassenunruhen erschütterten die USA, die geplanten Notstandsgesetze trieben in Deutschland Zehntausende auf die Straßen, Hunderttausende demonstrierten beim »Pariser Mai«, aber auch in Polen, Italien, Mexiko, Italien. »Alles geschah, alle handelten in atemloser Gleichzeitigkeit«, schreibt der Autor Alan Posener über diese Monate, »die Allgegenwärtigkeit der elektronischen Medien, mit denen die Generation der 68er als erste aufgewachsen war, machte diese Gleichzeitigkeit allen Akteuren bewußt, ja rief sie erst hervor. Zum ersten – und vorerst letzten – Mal machte eine Generation gemeinsam Weltgeschichte.« So entstand eine Generation, »die stolz ist auf ihre gemeinsame Erfolgsgeschichte«, wie der Journalist Jürgen Leinemann beobachtet hat, »Alterszugehörigkeit und ein Lebensgefühl, das sich aus der Beteiligung an einem historischen Bruch speist, verdichten sich zu einem Wir-Gefühl«.

Es ist ein Wir-Gefühl, das über die Jahre wie eine Fackel zu den Olympischen Spielen gleichsam weitergetragen und sogar noch verstärkt wird, mit breiter Brust und einem fast schon an Überheblichkeit grenzenden Selbstbewußtsein, etwa wenn Joschka Fischer davon spricht, daß »68 zum Bestandteil des Gründungsmythos dieser Republik geworden ist«. Die 68er führten die Lebens- und Aktionsformen dieser Zeit fort, wenn auch manche Forderung und einstmals wichtige Prinzipien zumeist wie überflüssig gewordener Ballast abgeworfen wurden. Sie veränderten gesellschaftliche Normen, Verhaltens- und Umgangsformen und unterschieden sich durch ein unkonventionelles Auftreten und einen legeren Lebensstil von anderen Generationen. Sie machten sich zudem zu Lordsiegelbewahrern des eigenen Erbes und wurden zugleich zu einer Erinnerungsgemeinschaft. Eine Gemeinschaft, die – fast schon verschworen – ihre Identität im Bezug auf die Ereignisse von 1968 fand. Und diese Gemeinschaft erstreckt sich auf eine ganze Generation – im Gegensatz zu den Yuppies oder Poppern, die lediglich Teile einer Generation umfaßten.

Erinnerungsgemeinschaften sind ein fester Bestandteil unseres Lebens. Sie geben aus der Vergangenheit heraus Halt und Identität, und sie schaffen Verbundenheit. Dabei gehört es zur Natur der Sache, daß außergewöhnliche und prägende Lebensabschnitte und -gemeinschaften überhöht, kultiviert und verklärt werden. Man denke nur an einen Veteranenstammtisch. Überall dort, wo Sätze fallen wie »War das damals schön!« oder »Erinnert ihr euch noch? Da war doch ...«, finden solche Vergangenheitsverklärungen statt. Sie können sich auf die Schulzeit, die Bundeswehr, gemeinsame Kriegserlebnisse, Sportereignisse wie »das Wunder von Bern«, Studienzeiten, Events, Erlebnisse in Freundeskreisen und anderes mehr richten. Gleich ist dabei immer eines: Zumeist liegen diese Zeiten weit zurück, und wenn sie wiederauferstehen, dann bei dem einen oder anderen Gläschen Wein oder Bier.

Die Erinnerungsgemeinschaft der 68er allerdings ist eine besondere. Sie wurde zu einer verschworenen Gemeinschaft, der es außerdem gelang, die Idee von 1968 zu einer Legende zu stilisieren. In den Medien entfachten und förderten sie eine regelrechte Erinnerungskultur, bei der indes von einer kritischen Aufarbeitung nicht die Rede sein konnte. Ihnen gelang das Kunststück, gleichsam die Deutungshoheit über sich selbst zu erringen und zu sichern. So beklagt etwa der Publizist Henning Ritter die »Legende von der Liberalisierung und Demokratisierung der Gesellschaft durch die Achtundsechziger«: »Diese Legende ist zweifellos ihr größter Erfolg. Daß man Demokratie und Toleranz elitär in Pacht nehmen kann, müßte in einem demokratischen Rechtsstaat wie der Bundesrepublik Deutschland Verwunderung erregen, ist aber eine Art gesellschaftlicher Konsens geworden«, gegen den andere aussichtslos »wie gegen Windmühlenflügel kämpfen«.

Der Philosoph Ernst Cassirer definiert den Begriff des Mythos als einen Versuch, die »objektive« Welt des Geschehens gewissermaßen in die »subjektive« Welt des Einzelnen zurückzuführen. So gesehen ist '68 zu einer kulturellen und politischen Chiffre, zum gesellschaftlichen Mythos geworden, den jedermann symbolisch mit Texten, Bildern und Handlungen besetzen kann. Möglich wurde dies erst dadurch, daß der Medienbereich für die 68er-Generation beim Marsch durch die Institutionen eines der bevorzugten Ziele wurde, rasch waren auch hier Spitzenpositionen erklommen.

Gerade in diesen, aber auch in anderen Funktionen

verstanden es die 68er, das fortzusetzen, was eigentlich ihr Kern war: eine Protestbewegung zu sein. Sie hatten es dabei nicht schwer. »Die sie prägenden späten sechziger und frühen siebziger Jahre waren Jahre leichter Erfolge. Sitzungen sprengen, Lehrveranstaltungen oder Gottesdienste umfunktionieren, Schüler politisieren, den Wehrdienst verweigern oder mit langen Haaren ableisten, Krawatten- und Jackettzwänge aufkündigen, Ortsvereine übernehmen, in Parteiämter und -gremien aufsteigen, zum Professor ernannt und zum Prorektor oder Vizepräsidenten einer Universität gewählt werden, die Diplom- oder Doktorarbeit bei Suhrkamp verlegen – die ersten Schritte in der Welt des öffentlichen Auftretens, des beruflichen und politischen Handelns waren mühelos«, beschreibt Bernhard Schlink im »Spiegel« diese Zeit, »sie durften auch keine Mühe kosten, sondern mußten Spaß machen; anders wären es Schritte in die Entfremdung gewesen«. So gelang ihnen der Aufstieg und die Streuung eines Ideenguts, das Wirkung zeigt bis in die Gegenwart hinein: Friedensbewegung, Ökobewegung, Feministenbewegung, Hausbesetzerbewegung, Schwulenbewegung. Immer noch gleichen sich ihre politischen Diktionen und Aktionen: Basisgruppen, Go-ins, Besetzungen und Blockaden, vor allem in Berlin, Hamburg und Frankfurt. Die Idee von gesellschaftlichen Bewegungen aller Art wurde von den wilden 60er Jahren in die Neuzeit kontinuierlich über- und fortgetragen.

Gemäß dem Motto »Gesellschaften haben keine Anschrift« entwickelten sich immer neue und immer andere Bewegungen, Vereinigungen und Gruppen aus der 68er-Bewegung und hielten so den Mythos am Leben. Nur so konnten ständig neue Erinnerungsgemeinschaften entstehen, mal durch die Friedensbewegung, mal in Erinnerung an die letzte »Love-Parade«, mal durch eine Greenpeace-Aktion auf der Nordsee.

Was das Erfinden von Bewegungen betrifft, sind die 68er Spezialisten geworden. Weltbetroffenheit, Aktionismus und Öffentlichkeit im Auftrag und Namen des Guten – auf diesen drei Pfeilern ruht bis heute ihr politisches Prinzip. Und überhaupt sei die »68er-Generation eine sensible Generation«, behauptet Bernhard Schlink: »Sie möchte gemocht werden und fühlt sich leicht verkannt. In den Stürmen der späten sechziger und frühen siebziger Jahre war auffällig, daß, so heftig auch agitiert und agiert wurde, doch die Erwartung bestand, die Opfer der Agitationen und Aktionen müßten deren Wahrheit und gute Absicht erkennen und anerkennen. Oft verhielten sich die Opfer auch entsprechend. Wo sie es nicht taten, wurde darauf empört reagiert wie auf eine Ungerechtigkeit.« Selbstbewußt, wie sie sind, glauben sie auch noch im dritten Jahrtausend, daß sie Staat und Gesellschaft das einzig richtige zu sagen haben. Da haben in der Tat Punks, Skins, Popper, Rocker, Teds und Yuppies nie mithalten können.

Warum das Alter abgeschafft wird

Kukident, Antistax, Granufink, Tena Lady. Sind das die Insignien des Alters? Eine Gebißhaftcreme, eine Venensalbe und Spezialunterwäsche für altersbedingte Inkontinenz? Da wendet sich der 68er mit Grausen. »Will you still need me, will you still feed me, when I'm 64?« hatte er noch mit den Beatles gesungen – das Alter schien Lichtjahre entfernt. Heute sind die 68er zu einem Gutteil bereits darin angekommen. Den Beatles-Song von damals aber werden sie mit Sicherheit nicht zur Hymne des neuen Lebensabschnitts machen, eher schon »Forever young« von Bob Dylan.

Eine neue Anspruchsrevolution, nicht etwa eine neue Bescheidenheit kündigt sich für die Zukunft an: In ihrer Jugend haben die 68er das Alter bekämpft, nun, im Alter, werden sie den Jugendwahn bekämpfen. Unbequem, aufmüpfig, theoriebeladen, konfliktbesessen, rebellisch: So haben sie die Republik geprägt, und so werden sie auch dem Alter ihren Stempel aufdrücken. Sie werden einen Mentalitätsbruch herbeiführen durch den Protest gegen die bisherigen, für sie überkommenen Vorstellungen von diesem Lebensabschnitt. Und sie werden sich und ihr Schicksal selbst in die Hand nehmen, allein schon eingedenk einer ihrer Lieblingsvokabeln: »selbstbestimmt«. Die Mittel dazu besitzen sie, und zwar mehr als die Generationen vor ihnen:

1. Das ökonomische Kapital (Eigentum aus Bar- und Sachvermögen, Erbschaften, Einkünfte aus Abfindungen und Pensionen)

2. Das kulturelle Kapital (Gruppen- und Protesterfahrungen aus Studentengremien, Versammlungen, Vorständen und Aufsichtsräten. Konflikterfahrungen aus Parteien, Bürgerbewegungen, Demonstrationen, Hausbesetzungen, Elternbeiräten, Psychotherapien, Parlamenten, Ministerien und Synoden)

3. Das soziale Kapital (Netzwerke von Alt-68er-Weggefährten und -Kampfgenossen, Selbsterfahrungsgruppen, Verbands- oder Parteizugehörigkeiten, Medienzirkel, Rotary- oder Lions-Club)

Unter Einsatz dieser wichtigen Ressourcen werden sich die 68er daran machen, die Kategorien »Jugend« und »Alter« aufzulösen. Sie werden versuchen, ein Klima zu erzeugen, in dem die daraus resultierenden Gegensätze in einem altersübergreifenden Zeitgeist untergehen. Denn: Einen Zeitgeist zu schaffen und zu gestalten, war schon immer ihre Stärke. Sie werden dazu ein Lebenskonzept entwickeln, das die bestehende Definition vom »alten Menschen« aufhebt nach dem Motto: »Alt ist jung, und jung ist alt.« Alte sind Menschen mit Erfahrungshintergrund.

In der 68er-Sprache ausgedrückt, könnte das dann so klingen: »Jung und alt sind keine chronologischen und keine unabdingbaren Funktionen mehr! Die Moderne steuert auf ein Telos zu, die alterslose Gesellschaft. Das Alter gehört auf den Müllhaufen der Geschichte!« Es würde somit zur Endmoräne der Alt-68er-Aufklärung, denn wenn die Geschichte schon ein Ziel hat, dann ist es zwar nicht mehr die klassenlose, aber doch die generationenlose Gesellschaft. Ein Ergebnis der unausweichlichen negativen Dialektik, die Hegel und Marx versöhnen und den revolutionären Lebens-Endsieg der 68er bringen würde.

Bisher hatten alte Menschen viel Freizeit und keine Arbeit und die Jungen viel Arbeit und wenig Freizeit. Menschen mit viel freier Zeit sind nach allgemeiner Auffassung in der Regel entweder alt, krank oder asozial. Deshalb wird die Stoßrichtung zur Veränderung des Zeitgeistes beim Arbeitsbegriff ansetzen müssen. Dabei können bewährte 68er-Konzepte behilflich sein. Ein Beispiel wäre die Forderung nach einem ganzheitlichen Lebenskonzept. Ein Wertewandel, bei dem Arbeit und Freizeit keine Gegensätze mehr sind und bei dem die Lebensgestaltung Nützliches mit Schönem verbindet. Oder, nach Marx: »Jedem nach seinen Bedürfnissen«. Wenn die junge Generation denn das Bedürfnis hat zu arbeiten, um wohnen und leben und sich etwas leisten zu können – sollen sie es doch tun! Wenn sie, die Alten, nicht mehr arbeiten wollen, weil sie es nicht mehr nötig haben – dann soll man sie doch ebenfalls lassen und ihre Bezüge nicht antasten.

So können sie eine neue Gesellschaft von Sammlern und Jägern schaffen, ein Paradies der (alters)klassenlosen Gesellschaft, von der sie schon immer geträumt haben. Arbeit und Freizeit, und damit auch Jung und Alt, stehen gleich wichtig und damit gleichwertig im Zentrum des Paradigmenwechsels. Die Urheber dieser Veränderung werden zugleich zu Pionieren neuer Werte und Normen, die klarmachen, daß nur der wirklich alt ist, der zum Pflegefall geworden ist. Und ein solcher Mensch ist dann nicht etwa alt und krank, sondern nur krank.

Was für die Jüngeren heute Fitneß, Sun und Fun bedeutet, ist für die derzeitigen Rentner Vitalität, Sinn und Lebensfreude. Ohne diese Rentner müßten Gartencenter, Tierhandlungen, Heimwerkermärkte, Drogerien, Ärzte, Apotheker und Sozialdienste um ihre Existenz bangen, verlören Zeitungsverlage, Konzerthäuser und Theater ihre wichtigsten Abonnenten, stünden Kirchen leer, und Sportvereine hätten keine Zukunft mehr. Die 68er allerdings werden sich nicht damit zufriedengeben, das zu übernehmen, was ihnen andere Generationen vorgesetzt haben.

Die 68er: Porträt einer Generation
»Angst essen Seele auf«: Wie sie wurden, was sie sind

Die Geschichte ist rasch erzählt. Der junge Türke Ali kommt kurz nach 1968 als Gastarbeiter nach Deutschland und verliebt sich in die 60jährige deutsche Putzfrau Emmi. Doch daraus entwickelt sich keine romantische Liebesgeschichte wie in »Harold und Maude«, sondern eine brutale Tragödie. Denn für ihre Liebe ernten Ali und Emmi nichts als Spott, Hohn, Verachtung, Anfeindungen, Bedrohungen. Der Druck kommt von Freunden, Verwandten, Kollegen, Bekannten. Und mit dem Druck wächst die Angst. Am Ende zerbrechen daran ihre Liebe und schließlich sie selbst. »Angst essen Seele auf« heißt der Film. Es ist einer der Kultstreifen der 68er, gedreht von Rainer Werner Fassbinder. »Angst essen Seele auf« könnte aber auch das Leitmotiv für die Suche danach sein, wie die 68er wurden, was sie sind.

1968 waren die letzten Trümmer des Krieges beseitigt, die Wirtschaft florierte, »Arbeitslosigkeit kannten wir 68er zumeist nur aus Büchern«, erinnert sich der Politologe Detlev Albers. Gastarbeiter (wie Ali) wurden ins Land geholt, um überhaupt die Nachfrage nach Produkten »Made in Germany« befriedigen zu können, es gab »Wohlstand für alle«. Aber die Jugend revoltierte. Nun ist Widerspruchsgeist bis hin zur Renitenz in der Jugend eigentlich etwas Normales. Das hat es bereits zu Platons Zeiten im alten Griechenland gegeben. Der konfliktreiche Prozeß der Adoleszenz ist oft sogar notwendig und hilfreich, wirkt er doch erfrischend, gibt Denkanstöße und ist mitunter auch gut für Neuerungen: Vor der Pubertät übernimmt jedes Kind automatisch die Normen und Werte seiner Eltern, es kennt nichts anderes und kann sich daher auch nichts anderes vorstellen. Dann, in der Pubertät, ergreift es die naheliegende Möglichkeit, einen eigenen Standpunkt zu entwickeln und zu vertreten, und stellt Gegenpositionen auf. Das Gegenteil von dem, was die Eltern denken und sagen, ist jetzt das einzig Wahre. Der Weg zu einer eigenständigen Persönlichkeit hat begonnen und damit zugleich eine zumeist mehrjährige Phase heftiger Auseinandersetzungen zwischen Eltern und Kind, das keines mehr sein will.

Dies ist die Zeit, in der die sogenannten Peer-Groups – die diversen Cliquen, in denen sich gleichgesinnte und gleichaltrige Jugendliche finden – große Bedeutung für die Persönlichkeitsentwicklung erlangen. Dort lernen sie andere Familienmodelle, andere Meinungen und Einstellungen kennen, es werden neue Verhaltensmuster geprobt, Rangkämpfe ausgetragen, es wird bestimmt, was »in« und was »out« ist. Kurz gesagt: Die Clique prägt den Heranwachsenden in vielerlei Hinsicht maßgeblich mit. Mode, Musikgeschmack und Freizeitverhalten unterscheiden sich jetzt zumeist wesentlich von dem der Eltern. Heraus kommt im günstigen Fall ein intelligenter, offener, toleranter, liberal denkender Erwachsener. Diese Zeit ist zudem die Zeit prägender gemeinsamer Erinnerungen, die zu einem wichtigen Bestandteil des Fundaments der eigenen Persönlichkeit werden.

Wir betrachten die 68er-Rentnergeneration heute zwar als Ganzes, gleichwohl darf man nicht von einer homogenen Generation ausgehen. Zu verschiedenartig waren die prägenden Einflüsse. Viele, die ihre Jugendzeit um 1968 erlebten, würden sich entschieden dagegen wehren, mit der einen oder der anderen Gruppe gleichgesetzt zu werden. Gemeinsamkeiten im Denken und Fühlen sind dennoch mit der Zeit eher gewachsen. Die Unschärfe der Vergangenheitsbetrachtung, nach immerhin schon fast 40 Jahren, erfordert eine etwas differenziertere Untersuchung der damaligen Verhältnisse. Grob gesagt, ergeben sich drei Typen:

1. Die Aktivisten der 68er-Revolte: Ihre Anzahl war eher gering, fast ausschließlich handelte es sich um Studenten.
2. Die Hippies: eine Szene, die aus den USA importiert war. Auch diese Personengruppe war vergleichsweise klein.

3. Die Mitläufer und Nachahmer: Sie gingen nicht auf die Straße, sympathisierten zwar mit der Bewegung, blieben schlußendlich aber systemkonform. Sie bildeten die zahlenmäßig stärkste Gruppe und übernahmen in erster Linie das Auffällige und Schockierende, also das Denken und den Lifestyle, der ersten beiden Gruppen.

In der heißen Phase der Revolte, im Sommer 1968, nahmen 53 Prozent aller Studenten an Demonstrationen teil, also knapp mehr als jeder Zweite. Lediglich fünf Prozent der Teilnehmer waren nichtakademische Jugendliche. Die Bewegung hatte zu diesem Zeitpunkt ihren Höhepunkt erreicht, begonnen hatte sie bereits Anfang der 60er Jahre. Daraus ergibt sich, welche Jahrgänge gemeint sind, wenn wir von den 68ern sprechen: Es sind die Jahrgänge zwischen 1940 und 1950. Rudi Dutschke, der Kopf der 68er, ist 1940 geboren, Daniel Cohn-Bendit, damals Führer der Studentenproteste in Paris und heutiger Europa-Abgeordneter der Grünen, ist Jahrgang 1945. Sie gehören zu denjenigen, die von Beginn an dabei waren. Joschka Fischer, ein typischer Vertreter der 68er, ist 1948 geboren, stieß erst spät hinzu und ist denjenigen zuzurechnen, die sich im Laufe der Jahre 67/68 durch einschneidende und medienträchtige Ereignisse wie den Tod des Studenten Benno Ohnesorg und die großen Protestdemonstrationen gegen den Vietnamkrieg und gegen den Axel-Springer-Verlag von der 68er-Bewegung begeistern und mobilisieren ließen.

Im Unterschied dazu waren die Hippies und die systemkonformen Jugendlichen durchweg einige Jahre jünger. Sie waren grundsätzlich unpolitisch und unorganisiert, was sie gleichwohl aus der Sicht der Erwachsenen nicht weniger bedrohlich erscheinen ließ. Die Wurzeln der Hippie-Bewegung kamen aus Amerika. Ihre Musik-Ikonen waren ebenfalls Anfang der 40er Jahre geboren, Jim Morrison beispielsweise 1943 und Jimi Hendrix 1942. Anders dagegen Figuren wie Barry Gibb, der 1946 geboren wurde, und sein Bruder Maurice, Jahrgang 1949. Mitte der 60er Jahre spülte die Welle nacheinander Musik, Mode und Drogen über den Atlantik nach Deutschland. Die Verbreitung allerdings erfolgte zunächst eher langsam – anders als heute, da moderne Massenmedien und Musiksender wie MTV und VIVA und das Internet Trends in Sekundenschnelle um den Globus jagen und auf ein begierig wartendes Publikum treffen, das sie bereitwillig aufgreift, nur um sie mit einer Halbwertszeit von wenigen Wochen bis höchstens sechs Monaten durch wiederum neue Trends zu ersetzen. So dauerte es bis zum 25. September 1965, ehe die neue Musik zum ersten Mal im deutschen Fernsehen zu sehen war, in Michael Leckebuschs legendärem »Beat-Club« mit Moderatorin Uschi Nerke, Rockmusik und aufreizenden Gogo-Girls. Begleitet wurde die Sendung durch den Vorabauftritt eines Ansagers, der sich bei den älteren Zuschauern gleichsam für die Ausstrahlung entschuldigte und um Verständnis warb für die neue Musik und die sie begeistert feiernden Jugendlichen.

Der turbulenten und widersprüchlichen Jugend der 68er, ob nun Aktivisten, Hippies oder Mitläufer, war freilich eine dramatische Kindheit vorausgegangen. Es war eine Kindheit zwischen Krieg und Chaos. Das Land war zerbombt, erniedrigt und in tiefe Schuld verstrickt. Die zwischen 1940 und 1950 Geborenen landeten nach dem totalen Krieg mitten in einem totalen Durcheinander, in einer zutiefst unsicheren Zeit, in der noch nicht einmal sicher war, ob am Abend etwas zu essen auf dem Tisch stand. Kaum eine Familie war noch vollzählig. Nahezu jede hatte den Verlust eines Bruders, eines Onkels, Vaters, einer Cousine zu beklagen. Väter blieben oft jahrelang vermißt, und sofern sie nach der Kriegsgefangenschaft zurückkehrten, waren sie von den Folgen des Krieges fürs Leben gezeichnet. Ein gewaltiger Flüchtlingsstrom würfelte zudem die ganze Nation durcheinander – eine enorme Belastung für diejenigen, die selbst nichts mehr hatten außer der Not. Die Verantwortung für das bloße Überleben und die Erziehung der Kinder, der späteren 68er, trugen oft die Frauen, und das unter Bedingungen, die heute unvorstellbar sind. Zugleich hatten sie die Trümmer des Krieges beiseite zu schaffen und das Feld zu bereiten für einen Neuanfang, für den es zu diesem

Zeitpunkt nicht viel mehr gab als eine Hoffnung. 1948 löste die D-Mark die Reichsmark ab, die Währungsreform markierte den lang ersehnten Start in eine neue Zeit. Die Elterngeneration stürzte sich auf die einzig denkbare Aufgabe: den Wiederaufbau des Landes und des eigenen Lebens, allerdings unter dem Damoklesschwert des Kalten Krieges, der 1948 mit der Berlin-Blockade bereits seinen ersten Höhepunkt erreichte. Was lag da näher als ein einhelliges Vergessenwollen und eine kollektive Besinnung auf eine kleine, heile Welt in Harmonie. So sah die reale und soziale Umwelt der Kinder aus, die 1968 in einer unvergleichbar sichereren Gesellschaft und in unvergleichlichem Wohlstand ihre Jugendjahre erleben durften.

Die Bundesrepublik Deutschland gab sich im Mai 1949 das Grundgesetz, ihre Verfassung, die die freiheitliche Demokratie verankern, die Grundrechte der Menschen schützen und die Gefahr einer neuerlichen Diktatur bannen sollte. Der erste Bundeskanzler der jungen Republik, Konrad Adenauer, genoß das Vertrauen seiner Bürger. 1961 errichteten DDR-Truppen eine Mauer mitten durch die Hauptstadt Berlin und später durch das ganze Land. Der Kalte Krieg erreichte einen neuen Gipfelpunkt. Bei allem wirtschaftlichen Wohlergehen blieb es also weiterhin eine höchst unsichere Welt, in der die 68er-Generation aufwuchs. Niemand konnte sicher sein, daß nicht schon morgen die Hoffnungen von heute wieder in einem diesmal möglicherweise atomaren Krieg zunichte gemacht würden.

Vor diesem Hintergrund wird offenkundig, daß die Erziehung der 68er-Kinder stark von Ängsten über Gegenwart und Zukunft sowie von der Vergangenheit und deren Verdrängung geprägt war. 5,3 Millionen deutsche Soldaten waren im Krieg gefallen, Millionen in Gefangenschaft geraten und teils darin umgekommen, und es wuchs eine Jugend heran, die häufig ohne Vater auskommen mußte. Erzogen wurde sie von überforderten Müttern und von Großeltern, denen für gewöhnlich nicht gerade die normative Kraft eines entschiedenen »Nein« zu eigen ist. Mit den Vätern war das Vorbild verschwunden, die Autorität, das Aufzeigen und Setzen von Grenzen. Gerhard Schröder, Oskar Lafontaine, Rudolf Scharping: Sie sind typisch für diese Halbwaisen. Kinder hatten in der damaligen Welt zu funktionieren und keine Probleme zu bereiten. Es gab Wichtigeres: das Auskommen der Familie, ein Dach über dem Kopf und etwas zu essen. Als sich die wirtschaftliche Lage langsam besserte, nach 1948, drängte es viele nach mehr: mehr Wohlstand, mehr Sicherheit, mehr vom wiederentdeckten Leben. Das eigene Streben folgte plötzlich wieder einer Vision: Die eigenen Kinder sollten es einmal besser haben. Da blieb im Privaten wenig Zeit und noch weniger Bereitschaft, sich mit dem zu befassen, was man gerade hinter sich gelassen hatte.

Aus der schwierigen Kindheit hat die 68er-Generation eine gehörige Portion Durchsetzungsvermögen mitbekommen. Darwins Prinzipien vom Überleben der Fittesten und Besten gelten in Notzeiten bekanntlich doppelt.

Während der Wohlstand wuchs, begannen sich die jungen Köpfe im Lande zu regen. Es traten diejenigen auf den Plan, die sich sozusagen der Aufgabe des moralischen, philosophischen und politischen Denkens über den Tag hinaus unterzogen und stellten. Normalerweise kann eine solche Gruppe an Traditionen anknüpfen und findet ehrwürdige, anerkannte Köpfe vor, die als Vorbilder fungieren: Eltern, Lehrer, Professoren, Schriftsteller, unterschiedliche Intellektuelle eben. Sie werden gemeinhin Wert-Eliten genannt. Gerade daran aber herrschte im Nachkriegsdeutschland akuter Mangel. Die Jugendlichen fanden kaum taugliche Vorbilder, die nicht zumindest im Verdacht standen, doch etwas mit der »dunklen Vergangenheit«, dem Nationalsozialismus, zu tun gehabt oder nichts dagegen unternommen zu haben.

Die Folge war ein immenses Mißtrauen der Jugendlichen gegenüber allen Autoritäten wie Lehrern und Professoren, selbst gegenüber den Erzählungen der eigenen Eltern. Begleitet und genährt wurde dieses Mißtrauen durch immer neue aufsehenerregende Enthüllungen in den Medien über bislang geachtete Persönlichkeiten und deren angebliche oder tatsächliche

Verstrickung in Greueltaten, Verbrechen, Mittäterschaft oder zumindest stillschweigendem duldendem Verhalten während der Nazizeit. Die 68er betrachteten dadurch ihr Mißtrauen nicht nur als berechtigt, sondern als bestätigt. Ausgestattet mit der »Gnade der späten Geburt«, begannen sie eine gnadenlose Abrechnung mit der Generation ihrer Eltern. Nicht auszuschließen ist in diesem Zusammenhang, daß auch Wut eine unbewußte Rolle gespielt hat. Eine diffuse Wut auf die Alten, die ihnen, den Jungen, eine ungeheure Schuld vererbt und damit lebenslänglich zur Bürde gemacht hatten.

Zeitgenossen, Publizisten und Historiker betrachten diese Generalabrechnung heute indes weniger als verständlichen Wunsch nach Aufklärung, sondern vielmehr als Mittel zum Zweck. Zu klären sei, »ob die 68er-Revolte, die sich so vehement gegen die bestehende Ordnung der damaligen Bundesrepublik richtete und eine ganz andere Demokratie schaffen wollte, Wesentliches zur Überwindung beziehungsweise Aufklärung der unseligen deutschen Vergangenheit beigetragen und uns eine bessere Republik beschert hat. Daran sind Zweifel erlaubt«, konstatierte etwa der Historiker Kurt Sontheimer. Denn im Unterschied zum privaten stand im öffentlichen Diskurs das Thema längst auf der Tagesordnung. Aus Sontheimers eigener Erfahrung an der Freien Universität Berlin sei ihm nicht bekannt, »daß die 68er, von Einzelfällen abgesehen, sich ernsthaft mit der Vergangenheit und ihrer

Geschichte beschäftigt und auseinandergesetzt hätten«. In seinen Augen ist es eine »höchst schmeichelhafte Auffassung«, »die 68er hätten nicht nur für die Festigung der deutschen Demokratie und die Anerkennung der westlichen Zivilisation Wesentliches geleistet, sondern auch bei der Bewältigung der deutschen Vergangenheit einen Durchbruch zur Aufklärung ertrotzt«. Sontheimer: »Dies trifft nicht den Kern der Bewegung. Die 68er waren zwar schnell fertig mit dem Wort, wenn sie die Generation der Herrschenden als Nazigeneration diffamierten, aber an einer ernsthaften Auseinandersetzung mit der Vergangenheit waren sie nicht interessiert und haben dafür auch nichts geleistet.«

Und in der Tat: Wer damals mehr über die jüngste deutsche Geschichte wissen wollte, der brauchte eigentlich nur in die nächste Bibliothek zu gehen. Dort waren bis heute als Standardwerke geltende Abhandlungen über den Nationalsozialismus längst verfügbar. Eugen Kogons »Der SS-Staat« war bereits im Jahr 1946 erschienen, »Hitler. Eine Studie über Tyrannei« des britischen Historikers Alan Bullock folgte auf deutsch 1953, Martin Broszat veröffentlichte 1960 sein »Der Nationalsozialismus. Weltanschauung, Programm und Wirklichkeit«, und Kurt Sontheimer arbeitete 1962 in »Antidemokratisches Denken in der Weimarer Republik« den Weg in die Katastrophe auf. »Die Bewegung der 68er schreibt sich vor allem auf ihr Geschichtskonto, die Auseinandersetzung mit dem Nationalsozialismus angestoßen und betrieben zu haben. Ich halte das für grundfalsch«, kritisiert der SPD-Politiker Klaus von Dohnanyi, »ja, ich halte die sogenannte Auseinandersetzung mit der schuldbeladenen Väter-Generation für einen relativ einfachen Weg der 68er-Generation, ihren Eltern die ganze Schuld zuzuschieben. Ausgewichen ist man dabei der Frage: ›Wie hätte ich mich in jener Zeit verhalten?‹«

Die Jugendlichen freilich hatten ihr erstes zentrales Thema gefunden, über das sie unablässig und lautstark räsonierten, während sich die Eltern in kollektives Schweigen zurückzogen. Jeder hatte im Grunde ein schlechtes Gewissen, eine Scham über das kollektive Verdrängen und Wegschauen, auch wenn viele dies nie zugegeben hätten. Sie versuchten nicht mehr, irgend jemandem zu vertrauen, nicht einmal den eigenen Eltern. Eine ganze Generation fühlte sich alleingelassen. Psychologen nennen einen solchen Zustand Desorientierung. Und aus einer solchen Orientierungslosigkeit resultiert zwangsläufig eine politische, ideologische und moralische Labilität. Die Jugendlichen fühlten sich somit aufgerufen, eine eigene ideale Gesellschaft neu zu erfinden – und das im Alter zwischen 18 und 28 Jahren.

Die Zweifel und die tiefsitzende, unbewußte Angst wurde dieser Generation zu Motor und Motivation in allen Lebensbereichen. Eine unaussprechliche, unterschwellige, niemals reflektierte, geschweige denn aufgearbeitete Angst. Von angstvollen Eltern in einer Zeit unkalkulierbarer Risiken erzogen – das bedeutet fehlendes Urvertrauen ins Leben an sich.

Mißtrauische und ängstliche Kinder, die zu Jugendlichen wurden und an der Schwelle zum Erwachsenenalter standen: Das ist das Seelenbild der deutschen Jugend 1968. So gerüstet, standen sie am Tor zur Erwachsenenwelt – ihre große Zeit der Rechthaberei, der Besserwisserei und des Experimentierens, des Ausflippens, des »Über-die-Stränge-Schlagens« begann. Diese leidenschaftlich argwöhnische Jugend suchte nach Alternativen, nach Sicherheit, nach Erklärungen, nach sich selbst. Die Ängstlichkeit wurde zu Passion, Profession und Obsession, eine allgemeine Bedenklichkeit zur Kritikleidenschaft. Gewiß: Vorschnelle Urteile, ohne die Fakten vorher in aller Ruhe und Sachlichkeit zu bewerten, sind normalerweise ein Vorrecht Jugendlicher. Die stürmische Aufregung ist jedoch längst zum 68er-Kult geworden und wird nach wie vor intensiv gepflegt. Noch heute lieben sie den übertriebenen Pessimismus aus Lust an der Tragik, als gelte es, der eigenen Existenz einen heroischen Sinn zu geben. Oder, wie es der Soziologe Wolfgang Kraushaar aus heutiger Sicht formuliert: »Die jahrelang betriebene Kritik der politischen Ökonomie wurde von einer sich an Radikalität überbietenden und zur insgeheimen Apokalyptik neigenden Ökologie- und Technikkritik abgelöst.«

Es ist fast schon schizophren. Da begibt sich diese Generation einerseits anarchistisch auf religiös-esoterische Sinnsuche, flüchtet in die Welt der Drogen, probt ein ums andere alternative Lebensmodell vom Kinderladen zu Kommunen und die herrschaftsfreie Kommunikation, exerziert die ganz große Auflehnung und Weigerung. Und andererseits hat dieselbe Generation ein unstillbares Bedürfnis nach einer allumfassenden Harmonie: »Mir soll es gut gehen. Am besten allen anderen Menschen auch. Damit ich besser schlafen kann als meine Eltern.« Dafür kämpfen viele Alt-68er noch heute. Die Schuld der Väter abzuarbeiten, ist ein bekanntes Motiv der Psychologie. Allerdings ist es auch ein per se zum Scheitern verurteiltes Unterfangen, weil es nur zu einer Suche nach dem unangreifbar Guten führen wird, die niemals enden kann.

Der Krieg der Generationen spielte sich aber nicht nur in Deutschland, dem schwer gebeutelten »Kriegsverlierer- und -verbrecherstaat« ab, er erfaßte die USA, Italien, Frankreich, Holland, England und Südamerika – wenngleich unterschiedlich heftig. Es mußte also noch mehr Gründe als die genannten für das Aufbegehren der 68er-Jugend geben. In Deutschland waren die Bedingungen für eine Auflösung der alten Werte nach dem Fiasko der Nazizeit geradezu ideal, aber was trieb selbst Schweizer Jugendliche dazu, so vehement zu rebellieren? Was hatte sich im Leben der Menschen so fundamental verändert, daß vormals geschätzte Tugenden und Traditionen plötzlich als zusammenschweißende Werte einer Gesellschaft derart in Verruf gerieten?

In den 50er Jahren wurden in allen Industrienationen mehr und mehr die Grundlagen und Möglichkeiten dafür geschaffen, grundsätzlich jedem jungen Menschen die Chance zu bieten, unabhängig von Herkunft und Einkommen der Eltern Bildung zu erwerben. Wer begabt war und den Willen besaß, schaffte es sogar an die Universität, obwohl der Vater vielleicht nur einfacher Arbeiter war. Die westlichen Gesellschaften waren allesamt inzwischen wieder wohlhabend genug, Schulen auszubauen, Lernmittelfreiheit zu gewähren, Kindergeld oder ähnliche Modelle zu finanzieren. Die Zahl der Jugendlichen, die länger und damit weiterbildend zur Schule gehen konnten, stieg überall an. Das, was sie in den Schulen lernten, entfremdete sie allerdings von der eigenen Familie. Das Schulwissen unterschied sich vom Alltagswissen der Familien und hatte zudem durch die Institution Schule einen höheren Stellenwert.

Das Wissen gab ihnen eine gewisse Unabhängigkeit von ihren Eltern – die Identifikationsmöglichkeit mit einer geltenden, akzeptablen, probaten Weltanschauung aber gab es ihnen nicht. Daran herrschte nicht nur in Deutschland Mangel, sondern ganz allgemein in der westlichen Welt. Die Beschäftigung mit der materiellen Seite, mit den praktischen Dingen des

Lebens (auch in der Schule) war allzu dominant geworden, wodurch ein Mangel an seelischem Halt entstand. Ein philosophisches Vakuum klaffte wie eine Wunde in der Seele der Jugendlichen der gesamten westlichen Welt. Nach dem französischen Philosophen Jean-Paul Sartre gab es »keine Wärme« mehr, und so suchte die Jugend, zitternd vor Kälte, nach Seelenheil. Magisch zog das Vakuum alle Religionen und Ideologien an, die die Welt zu bieten hatte, Hauptsache, sie waren unbelastet und unverdächtig.

Ein Mangel verlangt nach Kompensation. Psychologen verstehen unter Kompensation das Streben nach Ersatzbefriedigung zum Ausgleich von Mangelzuständen der Psyche, wie beispielsweise Minderwertigkeitsgefühlen. Ob allerdings ein Mangel an innerer Sicherheit und Stabilität, die man im Kindheits- und Jugendalter erwerben sollte, später durch eine militante Ablehnung beispielsweise von Biotechnologie und Kernkraftnutzung ausgeglichen werden kann, ist mehr als nur zu bezweifeln. Das Urvertrauen, das ein Kleinkind erwirbt, wenn es behütet und geliebt aufwächst, ist durch nichts zu ersetzen. Und das Vertrauen in die Erwachsenen ebenfalls nicht.

Kein noch so glanzvoller und gnädiger Gott, kein noch so charismatischer Guru, kein Umweltgesetz, kein Gleichstellungsgesetz und keine Versicherung kann solch einen seelischen Mangelzustand auf Dauer kompensieren. Unter der Oberfläche wächst zwangsläufig die Unsicherheit immer wieder und aufs neue an und verlangt neue Sicherungssysteme. Ein Rad, das sich selbst antreibt, ohne jemals ein Ziel zu erreichen. Daher der Wunsch nach einem allumfassenden, sorgenden und umsorgenden Staat, dessen Ausbau sich diese Generation mit besonderer Inbrunst widmete, obwohl sie ihn in ihrer Jugend verhöhnt hatte (»Jeden Tag 'ne gute Tat, heute pfeif' ich auf den Staat«) und abschaffen wollte. Ständig wurden neue »Gesetzeslücken« oder »gesetzgeberischer Handlungsbedarf« entdeckt, die es zu füllen und zu decken galt, um die Bürger vor den Widrigkeiten des Lebens zu schützen. Und vor allem vor sich selbst.

»Dagegen!«: Ein Lebensgefühl geht um die Welt

Junge Männer ließen sich die Haare so lang wachsen, daß sie aussahen wie Frauen. Junge Frauen wiederum entledigten sich öffentlich ihrer BHs und verbrannten sie auf Scheiterhaufen. Und beides nannte man Akte der Befreiung, ja: der Revolution. Was heute vielen nur noch verschroben bis verrückt erscheinen mag, spiegelte das Selbstverständnis einer ganzen Generation. Sie provozierte um jeden Preis, sie erklärte jede noch so große Banalität zum Politikum, und sie brach ganz bewußt mit allem, was ihren Vätern und Müttern wertvoll und wichtig war – deren Moralvorstellungen, Traditionen, Konventionen.

Die 68er und ihre Eltern: Es war der Generationenkonflikt schlechthin. Die Mütter und Väter der 68er waren so erzogen, ihren Eltern und überhaupt älteren Menschen noch mit Achtung und Respekt zu begegnen. Das Wort der Alten hatte Gewicht, ihr Rat war gefragt, ihre Erfahrung und Hilfe wurden in Anspruch genommen. Was für ein Unterschied gegenüber den 68ern. »Den Alten« begegneten sie mit Vorhaltungen, Vorwürfen und verwegenen Forderungen. »Enteignet unsere Väter!« war noch eine der harmloseren Parolen, die auf keiner Demo fehlen durfte. Alte wurden bis vor wenigen Jahren mehr oder weniger verwaltet, zum Abnehmer von Gesundheitsdienstleistungen degradiert, von Medien, Wirtschaft und Parteien weitgehend ignoriert. Lebenserfahrung zählte nicht mehr und wurde als antiquiert abgetan, als stünde sie im Wege. Aus dem Idealfall des Daseins war ein Problemfall geworden, eine Randgruppe der Gesellschaft, gerade noch geschmückt mit dem Unwort »Senior«. Erst seit kurzem ist wieder ein Umdenken im Gange.

Die »Vor-68er-Alten« wuchsen noch in einer Zeit auf, da das Kissen auf dem Sofa per Handkantenschlag einen scharfen Knick verpaßt bekam, die Kaffeekanne eine Tropftülle hatte und Pflichterfüllung, Disziplin, Treue, Fleiß, Bescheidenheit, Genügsamkeit, Gehorsam, Ordnung und Unterordnung auf der Tagesordnung standen. Die von den 68ern zunächst bekämpften, später verspotteten »deutschen Sekundärtugenden« (Oskar Lafontaine) galten, »so lange du die Beine unter meinen Tisch stellst«. Denn schließlich hatten sie, die »alten Alten«, mit dem Kantschen Pflichtbegriff im Kopf den Wirtschaftsaufschwung und Wohlstand nach dem Krieg und damit ihren Kindern ein Leben ohne Not erst ermöglicht.

Den groben Undank ihrer Kinder quittierten die Eltern mit einer Mischung aus Scham, Zorn und Verzweiflung: »Gut 20 Jahre nach Kriegsende sah die deutsche Vergangenheit ungefähr so aus«, schrieb dazu Cordt Schnibben im »Spiegel«: »Verführt worden, dann alles verloren, dann alles wieder aufgebaut, und jetzt kommen die Langhaarigen und wollen alles wieder kaputtmachen.« »Die 68er-Bewegung war vor allem eines: Kritik an den bestehenden Verhältnissen in jeder nur denkbaren Hinsicht. Ihre destruktive Kraft war weitaus größer als ihre konstruktive«, urteilt heute der Ex-Kommunarde und Soziologe Wolfgang Kraushaar, »die Kritik am Überkommenen, dem Traditionsbestand der Gesellschaft, war ätzend wie ein Säurebad«. Sie war dagegen! dagegen! dagegen! und verstand sich als »Vollstrecker des Weltgewissens« (»Der Spiegel«). Indem man sich als Teil internationaler Solidarität fühlte, »versuchte man zugleich, zu einem globalen Mythos beizutragen und sich auf diesem Umweg einen revolutionären Nimbus beizumessen«, so Kraushaar.

Underground, Freaks, Blumenkinder, Hippies sind Schlagworte für die Jugendkultur jener Zeit, die die westliche Welt in ihren Grundfesten erschüttern sollte und einen neuen Geist von Freiheit, Hoffnung, Glück, von Veränderung und Revolution in die Welt bringen wollte.

Ihren Ausgangspunkt hatte diese Jugendbewegung keineswegs in deutschen Studentenbuden, sie strahlte vielmehr von den USA nach Europa aus. Die Anhänger dieser Bewegung standen – mehr oder weniger zielstrebig – für den Ausstieg aus der bürgerlichen

Wohlstandsgesellschaft (oder zumindest das, was sie dafür hielten). Diese Gesellschaft wurde von vielen Jugendlichen als politisch veraltet und erstarrt, einseitig am Materiellen orientiert und somit nicht wirklich frei empfunden. Die 68er-Hippies sahen sich als lebendes Gegenmodell zur betäubenden Langeweile der Konsumgesellschaft mit ihren anonymen Metropolen, TV-Berieselung, Doppelbetten und spießigen Brokat-Tapeten. Dagegen setzten sie die Besinnung auf immaterielle Werte wie Liebe, Frieden und Glück (»Love, Peace and Happiness«) sowie Toleranz. Zentrum des Hippie-Booms und der »flower power« war der Stadtteil Haight in San Francisco, die anerkannte Welthauptstadt der Bewegung.

Dagegen! Schon rein äußerlich wollten sie anders sein als das »Establishment«: Sie trugen grell-bunte Kleidung und lange, teils blumengeschmückte Haare mit Bändern. Das galt für beide Geschlechter: Männer und Frauen waren nur noch schwerlich zu unterscheiden. Die Hippies schafften die Lockenwickler ab, den Pony-Schnitt trugen ab sofort allenfalls noch die jungen Männer. Die Frauen kramten in Trödelläden nach politisch korrekten Secondhand-Kleidern aus Spitze und Samt, gebatikten T-Shirts sowie handgemachten, bunten Perlenketten.

Man fuhr im VW-Bus, »Bulli« genannt, über Land, hauste gern im Zelt oder im alten Wohnwagen, und der Höhepunkt gemeinsamer Veranstaltungen waren

Lieder zur Gitarre am Lagerfeuer (»The house of the rising sun«) mit anschließendem Kiffen und Knutschen. Jede noch so abstruse Idee, die irgendwo von einem mal genialen, mal übergeschnappten Zeitgenossen ersonnen worden war, taugte plötzlich zum Vorbild, zum Nachdenken über sich und Gott und die Welt. So war die 68er-Zeit auch die große Zeit der Sekten, Religionen und Ideologien. Esoterik, Ufologie, Astrologie, Hexenkulte, indianische und asiatische Weisheiten sowie Riten jeglicher Couleur wurden zum Selbstbedienungsladen bei der Sinnsuche, ihre Symbole waren die entsprechenden Bücher, Kleider, bunte Steine, Pendel, heilige Statuen und derlei Tand mehr. Angetrieben von der Sehnsucht nach Spiritualität und Erfüllung, inhalierten sie Heilslehren jedweder Art – die Jagd nach dem Seelenfrieden, sie glich einer Schnitzeljagd mitten in einem Wirbelsturm. Tausende machten sich auf den Weg nach Indien, um dort die Kunst der Meditation zu erlernen und zur inneren Erleuchtung zu gelangen. Es war ihr modernes Mekka.

Dagegen! Gott wurde für tot erklärt; dies und die Ablehnung aller westlichen und insbesondere »kapitalistischen« Werte führte zu einem großen, aber auch naiven Interesse am Okkulten, Spirituellen und Mystischen. Die Hippies interessierten sich für östliche Religion und Philosophie. Dutzende indische Swamis und Gurus zogen folglich gen USA und nach Europa und gründeten Gemeinschaften, die sofort regen Zulauf hatten. Als einer der ersten gewann – hervorgerufen durch die Beatles – Maharishi Mahesh Yogi eine größere Anhängerschaft. Allerdings wurde die Mehrzahl der Gruppen von selbsternannten Gurus gegründet, nicht selten auch ausgesprochen geschäftstüchtigen, die mit der Modewelle die Möglichkeit zu schnellem Gewinn erkannten und nutzten. Anhänger fand außerdem der Zen-Buddhismus wegen des mystischen Charakters der Gesänge, den Hinweisen auf tantrischen Sex und der Chance auf baldige Erleuchtung. Millionen junge 68er legten Tarotkarten, berechneten Horoskope oder befragten Orakel. Tibetische Lamas pilgerten in den Westen, um »geniale« Glücksstrategien gegen Geld zu tauschen. Die Esoterik begann ihren Vormarsch – sie, wie manch anderes aus dieser wilden Zeit auch, sollte sich bis heute halten.

Dagegen! Das bürgerliche Modell des Zusammenlebens und Füreinandereinstehens in der (Groß-)Familie wurde diskreditiert und abgeschafft. In Mode kam statt dessen das autarke Leben auf dem Lande. »Kommunen« siedelten sich in Bauerndörfern an. Zurück zu den Wurzeln im Wortsinne: Man zog sein eigenes Gemüse, wurde gelegentlich militanter Vegetarier und erzog die Kinder naturnah und somit antiautoritär. Sie sollten es schließlich besser haben als man selbst, der noch die strenge Hand des Vaters zu spüren bekommen hatte. Interessanterweise besorgten die körperlich schwere Arbeit traditionell die Frauen; die sexuelle Revolution hingegen bezog sich vorerst nur auf die Bedürfnisse der Männer. Überhaupt wurde die freie Liebe als *der* Tabu-Bruch der Nachkriegszeit inszeniert und idealisiert: Sexualität zwischen jeder und jedem in der Kommune, Sexorgien, Gruppensex, Sex-Gruppentherapie, Enttabuisierung der Homosexualität – alles entsprang dem Glauben, daß die wichtigste Kraft der Revolution die Erotik sei.

In den Kommunen, dieser neuen Form des Zusammenlebens, warben die »Blumenkinder« darüber hinaus für den Konsum von Drogen, von LSD und Marihuana, sowie deren Legalisierung. Ihnen wurde eine angeblich bewußtseinserweiternde Wirkung nachgesagt, genauso wie der oft drogenbeeinflußten, tranceartigen Musik, wie sie sich als Höhepunkt in dem legendären Woodstock-Festival präsentierte und eine Hunderttausende zählende Menschenmenge zu einer wabernden, ekstatisch tanzenden, nackten Masse machte.

Die Hippies »light« konsumierten damals die Beatles, Beach Boys, Bob Dylan oder The Mamas and The Papas, für die Hardliner standen die Doors, Jimi Hendrix oder Ten Years After. Immer neue Rock-Ikonen wie Joe Cocker, The Who, Santana, Creedence Clearwater Revival oder Canned Heat kamen auf den immer unübersichtlicher werdenden Markt, für jeden war etwas dabei. Hauptsache, die Musik war »nicht kommerziell« – was auch immer das heißen mochte. Der Musik paßten sich die Drogen an: Zu LSD und Marihuana kamen in der Palette der »Glücksbringer« Kokain und Meskalin, natürlich auch Nikotin und Alkohol, bis hin zu Opium und Heroin. Besonderer Beliebtheit erfreuten sich die Joints, »Tüten« genannt – frei nach dem Motto: »Am Morgen ein Joint, und der Tag ist dein Freund.« Musik und Drogen: Dieses Zusammenwirken verdichtete sich in den Namen Jimi Hendrix, Brian Jones, Janis Joplin und Jim Morrison. Sie wurden ihre Ikonen, sie wurden aber auch ihre Opfer.

Dagegen! Volks- und Marschmusik wurden für »reaktionär« erklärt, Schlager als »kommerziell«, selbst der Jazz geriet zum Randgruppenprogramm. Zu Symbolfiguren hingegen wurden die Beatles, die legendären »Pilzköpfe« aus Liverpool, deren einzigartige Weltkarriere in Hamburg startete. Sie wurden zu Trendsettern durch ihren »Beat«, und ihre Haare waren Synonym für den Aufstand der jungen Generation gegen die Welt der Väter. Mit John Lennon als dem »Intellektuellen«, Paul McCartney als dem »Hübschen«, Ringo Star als dem »liebenswerten Kumpel« und George Harrison als dem »Sensiblen« boten sie für viele Jugendliche verschiedene Möglichkeiten zur Identifikation. Daneben verkörperten die Beatles auch Hoffnung, Optimismus, Witz und die Vorstellung, jeder kann es schaffen, wenn er nur den nötigen Glauben an sich selbst und genügend Entschlossenheit aufbringt. Zu Gegenspielern der Beatles wurden die Rolling Stones, wie die Doors die »bad boys« der Rockmusik. Mick Jagger, Keith Richards, Bill Wyman, Charlie Watts und Brian Jones spielten aggressiven Hard-Rock mit komplizierten Rhythmen. Ihre Texte handelten von Sex, Drogen und Gewalt. Jeder Auftritt wurde zur Provokation gegenüber der Gesellschaft, das Rebellenimage regelrecht kultiviert. Kein Konzert ging ohne Schlägerei vorüber, da waren eben echt harte Jungs am Werk. Bei den Beatles hingegen fielen Mädchen reihenweise in Ohnmacht.

Aber nicht nur in der Musik machte das 68er-Lebensgefühl Karriere, es wurde so mächtig, daß es auch Hollywood nicht mehr übersehen konnte und wollte. So entstand das psychedelische Filmgenre mit Streifen wie »The Trip« und »Easy Rider«. Und nach deren Erfolg und dem des Woodstock-Filmes kamen sich die Subkultur und Filmindustrie rasch immer näher. Nahezu jede Rock-'n'-Roll-Band ließ nun einen Film über sich drehen – der eben noch verteufelte Kommerz, er feierte fröhliche Urstand.

Die Bewegung war längst zum Virus geworden, der (fast) den gesamten Globus erfaßte und Drogen, Musik und Mode zum äußeren Erscheinungsbild eines politischen Programms, das die Emanzipationsbewegung, die sexuelle Revolution und die Studentenrevolte begleitete. Eine gemeinsam empfundene Verbundenheit einte die erste globale Generation der Welt – lange vor dem Internet.

In Deutschland freilich, immerhin das »Land der Dichter und Denker«, tat sich die junge Generation mit der ungezwungenen Flippigkeit der Bewegung etwas schwerer, wenngleich sie sie natürlich auch mitmachte. Sie lechzte aber auch nach einem ideologischen Überbau und nach einer mit dem eigenen Wandel einhergehenden politischen Veränderung. So wurden die Ideale der Hippiebewegung hierzulande – fast ein wenig dogmatisch – Teil des jugendlichen Protestes und der Studentenbewegung. Man forderte zunächst eine demokratische Reform des Hochschulwesens (»Unter den Talaren der Muff von 1000 Jahren!«), die Beendigung des Vietnamkriegs, später den Umbau des gesellschaftlichen Lebens und die Einführung eines demokratischen Sozialismus bis hin zur Abschaffung aller bestehenden Macht- und Herrschaftsstrukturen. Kraushaar nennt dies den Dreiklang der Metakritiken: »Antifaschismus, Antikapitalismus, Antiimperialismus«. Sie war, wie es der Politologe Johannes Agnoli formulierte, »Fundamentalopposition«. Dazu erschuf sie neue Protestformen wie Go-in, Sit-in und Teach-in. Zum Höhepunkt rief am 17. und 18. Februar 1968 der Studentenführer Rudi Dutschke vor Tausenden von Zuhörern zur »Weltrevolution« auf, die »freie Gesellschaft freier Individuen« zu schaffen. Allein: Die schweigende Mehrheit außerhalb der Universitäten hörte einfach weg.

Neben dem Politischen geriet das Private ins Visier der Revoluzzer. Traditionelle Familienbindungen waren passé, alternative Formen des Zusammenlebens angesagt. Althergebrachte Erziehungsmethoden wie die Prügelstrafe (»Gut Kind braucht Keile«) wurden geächtet, weil sie der freien, selbstbestimmten Entfaltung des Individuums entgegenstanden. Zur neuen Form des Zusammenlebens wurde die Wohngemeinschaft erklärt – dort trank man Tee, konsumierte Drogen aller Art, beleuchtete die Räume mit tropfenden Kerzen, verbrannte Räucherstäbchen und erging sich in freier Liebe und gemeinsamer Sinnsuche. Geboren war der Gedanke, daß die Gemeinschaft wichtiger sei als der Einzelne. Die eben noch vehement geforderte Freiheit gab es in der Gemeinschaft sogleich nicht mehr. Experiment folgte auf Experiment: Ging das eine schief, wurde flugs ein neues erfunden. Zu den bekanntesten »Kommunarden« zählten der sogenannte »Obermufti« Dieter Kunzelmann, der »Spaß-Guerillero« Fritz Teufel und Rainer Langhans. Mit Nacktaufnahmen der Kommunenmitglieder in den Medien und schrillen, teils makabren Selbstinszenierungen wurden sie zu Bürgerschrecks schlechthin. Sie vereinnahmten Dadaismus und Surrealismus für sich, sie genossen spektakuläre, provozierende Selbstdarstellungen und betrieben eine Art »subversive Aktion« zur Befreiung der Sexualität aus der angeblichen Unterdrückung von Staat und Gesellschaft. Die schockierte

Öffentlichkeit wandte sich mit Grausen ab und sah den Höhepunkt kommunistischer Unmoral erreicht. Die 68er aber spornte das nur zu immer neuen Umtrieben an. Fast schon selbstironisch stellte Daniel Cohn-Bendit fest: »Wir konnten mit dem Lächeln der Freiheit den größten Unsinn sagen.« Und vor allem machen. Es war, wie der Historiker Michael Stürmer zornig bilanziert, ein »revolutionärer Kindergarten, genannt 1968« geworden: »1968 war Schülertheater im Wirtschaftswunderland.«

Fast 40 Jahre später sind diese jungen Wilden nun die neuen Alten. Ihre Jugend, ihre prägenden Jahre waren wild, verrückt, widerspenstig und verschroben. Ihre Themen waren freie Liebe und sexuelle Revolution, Drogen, Rockmusik, Happenings, Feminismus, Revolution, Wohngemeinschaften, Kooperative, Tabu-Brüche, schrille Mode, lange Haare, »Love and Peace«. Und vor allem: dagegen! Und so ist mehr als nur zu vermuten: Die »Große Weigerung«, von der der Philosoph und 68er-Vordenker Herbert Marcuse angesichts dieser Generation gesprochen hat, wird auferstehen.

Der lange Marsch in die Toskana

Der Erste sollte beinahe einer der Letzten sein. Ausgerechnet Gerhard Schröder, gleichsam Inbegriff der sogenannten Toskana-Fraktion unter den deutschen Politikern, brauchte einen besonders langen Anlauf in das Gelobte Land der Linken. Er dauerte bis zum Gründonnerstag des Jahres 2003, genau: am 17. April, da saß er auf dem malerischen Hauptplatz von Siena, auf dem jährlich das berühmte, »Palio« genannte Pferderennen endet, und aß genüßlich ein Eis aus der Gelateria »Il Campo«. Begonnen hatte der große Treck nach Süden bereits in den 80er Jahren. Zu diesem Zeitpunkt rosteten die hochtrabenden Revolutionspläne der 68er längst auf dem Schrottplatz der Geschichte vor sich hin. Angeführt wurden sie dabei von dem früheren Bundesgeschäftsführer der SPD, dem 2005 verstorbenen Peter Glotz. Er galt als der unbestrittene Kopf der Toskana-Fraktion. Glotz war es auch, der 1989 Otto Schily zu sich in die Nähe von Arezzo lockte. Schily hatte gerade ein Landgut in Asciano erworben, man war in Hochstimmung, ein gutes Glas Rotwein gab das nächste, und am Ende hatte Glotz den Grünen überredet, in die SPD zu wechseln. Es war der Beginn einer wunderbaren Parteifreundschaft. Und viele andere sollten folgen – auch wenn aus Freundschaft später immer öfter Seilschaft wurde.

Die Toskana-Fraktion: Ein Etikett war geschaffen für diese Politiker-Generation, die aus der Revolte kam, nun sinnenfroh und selbstverliebt die Karriereleiter emporkletterte und keck den Machtanspruch von morgen für sich reklamierte. »Blitzschnell bildete sich ein Assoziationsspektrum: trockener Weißwein, Seidenhemden, Nachdenklichkeit, Genußfähigkeit, kommunikative Kompetenz, Sprache, Faulheit«, sagte Peter Glotz, »die hedonistischen Modernisierer wurden am Schlafittchen gepackt. Als Haken diente eine Landschaft: die Toskana. Eine Mauer war errichtet – auch in der SPD.«

Aber warum wurde gerade die Toskana zur heimlichen Heimstatt der 68er? Und nicht das Elsaß, nicht die Provence, ebenfalls Landstriche voller Sinnen- und Lebensfreude? Die Toskana gilt als das linke Herz Italiens – man fühlte sich sozusagen sofort unter Seinesgleichen, auch wenn es mit der Verständigung sicher anfangs gehörig haperte. Sie zählte, als vor gut 20 Jahren der Zug der »Tedeschi« in die Mitte des italienischen Stiefels begann, zu den Armenhäusern des ohnehin nicht gerade wohlhabenden Landes. Es war die Region der Zukurzgekommenen. Jedoch verband sie auf eine einmalige Weise Lebensart mit Schlichtheit, Unverfälschtheit, Authentizität. Sie wurde dadurch zu einem natürlichen Wallfahrtsort für Menschen mit »gebrochenen Biographien«: Hier konnten sie einen geradezu bourgeoisen Lebensstil pflegen (den sie ihren Vätern auf das heftigste vorgeworfen hätten) und sich gleichzeitig »back to the roots« begeben – hin zum Schönen, Wahren, Reinen, Guten. Das Arkadien am Arno war entdeckt – es mußte nur noch erobert werden.

Dabei hat sich, das sei ihr konzediert, die Toskana-Fraktion eben um die Toskana nicht zu unterschätzende Verdienste erworben. Nicht nur bei ihren Besuchen, sondern weil sie auch zurück in Deutschland auf die Freuden der Toskana nicht verzichten wollte, hat sie einen wesentlichen Beitrag dazu geleistet, daß Küche und Produkte des Landstrichs hierzulande eigentlich erst bekannt, dann salonfähig und schließlich etabliert wurden. Und: Viele der heute so anheimelnden und romantischen Landgüter gäbe es ohne die 68er vermutlich gar nicht mehr. Die Landgüter und »Rusticos« waren zunehmend zu Ruinen geworden, viele von ihnen bereits aufgegeben und verfallen.

Neben Glotz und Schily gehören zu den Toskana-Pilgern – natürlich – Ex-Bundesaußenminister Joschka Fischer, der frühere SPD-Vorsitzende Oskar Lafontaine, der gern und oft in der Nähe von Lucca weilt, die Grünen-Vorsitzende Claudia Roth und ihr Kollege im Parteiamt, Reinhard Bütikofer, der ebenso wie

Bundesumweltminister a. D. Jürgen Trittin bekennender Toskana-Fan ist. Es ist aber nicht nur die bundesdeutsche Polit-Prominenz, die es in das Dreieck zwischen Florenz, Pisa und Siena zieht. Zeitweise wäre es kein Problem, dort ein Treffen der Sozialistischen Internationale abzuhalten, denn aus dem europäischen Ausland sind regelmäßig mit von der Partie der frühere französische Regierungschef Lionel Jospin, der britische Regierungschef Tony Blair, der frühere britische EU-Kommissar Neil Kinnock und der (liberale) belgische Ministerpräsident Guy Verhofstadt.

Sie sind angekommen, die 68er von damals, auf ihrem langen Marsch durch die Institutionen sind sie in der Toskana gelandet. Sie, die zwischenzeitlich die »Enkel« waren und nun im Rentenalter sind. Und sie werden, soviel steht zu vermuten, bleiben: Das mildere Klima verlockt und lindert manches Zipperlein, die Landschaft ist ein Stück Heimat geworden, der Genuß längst ein unverzichtbares Stück Lebensphilosophie, und die wiederum von ihren Enkeln zu erwirtschaftenden Altersbezüge kommen sicher und regelmäßig aus Deutschlands Rentenkasse aufs Konto bei der »Banca Toskana«.

Die Schicksalsjahre

Wohl jeder dürfte sich noch genau daran erinnern, wo und wie ihn die Nachricht vom 11. September 2001 ereilte: vor der Fernseher-Wand im Bahnhof, im Taxi, im Büro, auf dem Weg zum Geschäftskunden, beim Einkaufsbummel. Und wohl jeder wird zugeben müssen, daß diese eine Nachricht, dieses eine Ereignis seine Weltsicht verändert hat. Den typischen 68er hatten andere Ereignisse geprägt: die APO-Jahre im Aufstand, die Friedens- und Anti-Atomkraftbewegung, das Scheitern des Sozialismus. Sie beschreiben die Schicksalsjahre einer ganzen Generation, deren Wirken in ihren Köpfen anhält.

1968:
Der Höhepunkt wird zum Keim des Niedergangs

In Berlin klirrten wieder einmal die Fensterscheiben. Ziel der studentischen Steinewerfer waren die Filialen des verhaßten Springer-Verlages. Mit aller Gewalt sollte die Auslieferung der Zeitungen verhindert werden, in denen sie sich einer »systematischen Hetze« und

»gezielten Diffamierung einer Minderheit« ausgesetzt sahen. Wenige Wochen später fielen Schüsse. Das Opfer war der Sprecher und die Symbolfigur der 68er-Bewegung: Rudi Dutschke. Fortan tobten in Deutschland »Straßenschlachten, wie es sie Westdeutschland seit der Weimarer Republik nicht mehr gekannt hatte«, wie »Der Spiegel« feststellte. Der Studentenprotest erreichte seinen Höhe- und Wendepunkt. Denn die Bewegung begann zu zerfasern. Das Attentat auf Dutschke beraubte sie ihrer sprach- und wirkmächtigen Stimme. Der Sozialistische Deutsche Studentenbund, das Schwungrad der Jugend- und Studentenbewegung, zerfiel. Immer neue Gruppierungen und Untergruppierungen bildeten sich, die schließlich mehr in Kämpfe um Macht und Einfluß untereinander verstrickt waren, als sich um ihre eigentlichen Ziele zu kümmern.

Und die politische Landschaft in der Bundesrepublik wandelte sich und absorbierte einen Gutteil der Studentenbewegung. Gerade die SPD erlebte in diesen Tagen massiven Zulauf aus der Studentenbewegung. So wurde mancher 68er zum »Genossen« mit dem Ziel, die »Partei der kleinen Leute« zu unterwandern. Das Gros trat ihr bei, weil sie in der von Bundeskanzler Willy Brandt angestrebten Reformpolitik genau die Veränderungen sahen, für die sie auf die Straße gegangen waren. Sie fanden sozusagen ihre parlamentarische Heimstatt – jenseits der außerparlamentarischen

Barrikaden. Der lange Marsch durch die Institutionen hatte begonnen, jedoch nicht für alle.

1972:
Linke Gewalt und grüner Aufbruch

Seit zwei Jahren bereits erschütterten immer wieder Bombenanschläge die Republik. Ziele waren große Kaufhäuser, Einrichtungen der USA in der Bundesrepublik und der Bundesrepublik selbst. Es gab Tote, Verletzte, Sachschaden. Urheber war die sogenannte »Rote Armee Fraktion«, besser bekannt als Baader-Meinhof-Bande, um die 68er Andreas Baader, Ulrike Meinhof, Gudrun Ensslin, Horst Mahler, Jan-Carl Raspe und andere. Sie hatten den bewaffneten Kampf der »Stadtguerilla« gegen »das System« und den Kapitalismus erklärt und sahen sich in der Tradition südamerikanischer »Widerstandskämpfer« wie den Tupamaros in Uruguay sowie als Teil einer internationalen Befreiungsbewegung. Im Juni 1972 wurden die wesentlichen Akteure des Terrors verhaftet und fünf Jahre später zu lebenslänglicher Haft verurteilt. Als im »Deutschen Herbst« von 1977 der Versuch ihrer Befreiung durch die Entführungen des Arbeitgeberpräsidenten Hanns Martin Schleyer und der Lufthansa-Maschine »Landshut« durch Komplizen scheiterte, nahmen sich Baader, Meinhof, Ensslin und Raspe das

Leben. Der Terror indes ging weiter, ausgeübt von einer zweiten und dritten Generation von »Stadtguerilla«. Er richtete sich vor allem gegen führende Repräsentanten aus Politik und Wirtschaft, reichte bis in die 90er Jahre hinein und kostete am Ende 54 Menschen das Leben.

Das Verhältnis vieler 68er zu den Gewaltakten ihrer früheren Kommilitonen, die die Bundesrepublik an den Rand der Selbstbehauptung trieben und das Land über Jahre in Angst und Schrecken hielten, war diffus bis zwiespältig. So mancher konnte und wollte seine »klammheimliche Freude« nicht verbergen, wie es in dem berüchtigten »Mescalero-Aufruf« jener Tage hieß. Andere distanzierten sich von dem Morden, nicht jedoch ohne den Vorwurf, der Staat seinerseits übe durch »polizeistaatliche Methoden« wie Rasterfahndung und ein rigoroses Vorgehen bei Einsätzen eine übertriebene Gewalt aus. Von den Zielen jedoch, dem Sturz der freiheitlich-demokratischen Grundordnung und der sozialen Marktwirtschaft, hatten die allermeisten längst Abschied genommen.

Just im Jahr 1972 erschien auf dem deutschen Buchmarkt ein nur 160 Seiten umfassendes Bändchen. Binnen drei Wochen war die erste Auflage bereits vergriffen, im selben Jahr erschienen fünf weitere. Bis heute steigerte sich die Auflage des Buches bis in die 16., weltweit wurden zwölf Millionen Exemplare verkauft. Der Titel des Werkes: »Die Grenzen des Wachstums«, herausgegeben vom »Club of Rome«. Seine Wirkung war wie ein Fanal, vor allem für die 68er. Und eine mit Langzeit-Folgen.

1982:
Der Marsch durch die Institutionen

Zu diesem Zeitpunkt hatten die 68er das Parteienbild in der Bundesrepublik bereits gehörig gewandelt. Durch den scharenweisen Eintritt von Juristen, Beamten sowie diplomierten Pädagogen und Soziologen hörte die SPD auf, eine Arbeiterpartei zu sein. Wirkung zeigten sie auch bei den anderen bedeutenden Parteien: Die CDU war nicht länger die Honoratioren- und Senioren-Partei, die FDP wurde von der Partei des liberalen Bildungsbürgertums zu der der Besserverdienenden. Und dann war da noch die neue Kraft: die Grünen.

Denn nicht wenige, wenn nicht gar die Mehrheit der politisierten 68er, hatten zu dieser Zeit längst einen anderen Weg eingeschlagen – jenseits der »alten Tante SPD«, überhaupt der etablierten Parteien. Hervorgegangen aus der Friedens- und aus der Anti-Atomkraftbewegung gründeten sie 1980 die neue Partei »Die Grünen«, eine bunte und etwas irrlichternde Schar um die Pazifistin Petra Kelly und den Öko-Landwirt Baldur Springmann. 1982 machte sie sich bereit zu ihrem ersten Einzug in den Deutschen Bundestag, der dann 1983 erfolgte. Zu ihrem Spitzenkandidaten kürten sie Joschka Fischer. Zu ihrem verinnerlichten Programm wurde das erwähnte Buch »Die Grenzen des Wachstums«, das dringend zu einer Aussöhnung von Ökonomie und Ökologie aufforderte, wollte die Menschheit denn ihre eigene Zukunft retten. Die Propheten und Retter der Zukunft: Scharen von 68ern hatten eine neue Heimat gefunden.

Jedoch: Die Wahl Helmut Kohls zum Bundeskanzler – zunächst als Übergangslösung verspottet – erwies sich als beständig. Viele 68er wechselten von der Bundes- in die Landespolitik, um so lange 16 Jahre auf der Karriereleiter emporzuklettern.

1989:
Mit der Einheit endet eine Vision

Sopron, Ungarn, es war der 19. August und die Grenze zu Österreich ganz nah. Ein paneuropäisches Treffen riß für einige Stunden eine Lücke in den Eisernen Vorhang. Rund 600 DDR-Bürger, zu dieser Zeit im Urlaub im »sozialistischen Bruderland«, nutzten die Gunst der Stunde und ergriffen begeistert die Gelegenheit zur Flucht in den »Goldenen Westen«. Drei Wochen später, am 11. September, öffnete die ungarische Regierung offiziell die Grenze: Der »antiimperialistische Schutzwall« war Geschichte. »Rosen für Ungarn!« überschrieb am nächsten Tag der »Münchner Merkur« euphorisch seinen Leitartikel zu dem Ereignis. Tausende DDR-Bürger machten sich in den kommenden Wochen über Budapest und Wien auf den Weg nach Westdeutschland, eine Massenflucht setzte ein. Zwei Monate später fiel denn auch die mitten durch Deutschland verlaufende Mauer zwischen Ost und West. Und damit das, was die meisten 68er inzwischen längst als ehern angesehen hatten.

Befremdet mußten sie feststellen, daß da etwas vor sich ging, wovon sie in ihrer Jugend immer geträumt, was sie aber nie erreicht hatten – aber unter welchen, ihnen fremden Vorzeichen? Hunderttausende Menschen gingen in Ostdeutschland auf die Straße: Es war die erste friedliche Revolution auf deutschem Boden. »Wir sind das Volk!« rief die Masse und forderte nicht etwa Reformen oder Annäherung, sondern ein »Deutschland einig Vaterland«. Das Erschrecken wurde umso größer, da in diesem Moment die komplette Vision eines anderen Gesellschaftsbildes ihrer Jugend unterging: der Sozialismus. Es war auch dieser Schock, den es erst einmal zu verkraften und zu überwinden galt, ehe sie dann doch – endlich – politisch zum Zuge kommen konnten.

2005:
Rot-Grün und die ersten 68er in Rente

Es ist Sonntag, 22. Mai, 18.27 Uhr. In der SPD-Parteizentrale in Berlin tritt Franz Müntefering vor die Mikrofone. 27 Minuten zuvor hatten Hochrechnungen signalisiert, daß die SPD die Landtagswahlen in ihrer wichtigsten Bastion Nordrhein-Westfalen verloren hatten. Der Tiefpunkt einer Reihe schwerer Wahlniederlagen und historischer Talsohlen bei den Umfragewerten waren erreicht. Müntefering trat die vermeintliche Flucht nach vorn an und verkündete vorgezogene Neuwahlen zum Bundestag. Die rot-grüne Bundesregierung brauche eine neue »Legitimation durch den Souverän«. »Am 22. Mai 2005 um 18.30 Uhr«, sagt Wolfgang Nowak, Sprecher der Alfred-Herrhausen-Gesellschaft, »ist das Jahr 1968 zu Ende gegangen.« Bei den vorgezogenen Neuwahlen im September war das »rot-grüne Projekt« beendet. 30 Jahre hatte der Marsch durch die Institutionen gedauert, gerade sieben Jahre währte die Zeit an den Schalthebeln der Macht.

Dabei hatte alles mit einem historischen Triumph begonnen, den der 68er über eine Generation, die sie lange bekämpft und hat warten lassen, die sie selbst aber als überkommen und von gestern ansah. 1998 beendeten die rot-grünen Seelenverwandten aus 68er-

Tagen die 16jährige Dauer-Kanzlerschaft Helmut Kohls, und Gerhard Schröder und Joschka Fischer zogen ein in die neuen Berliner Regierungszentralen. Das »rot-grüne Projekt« konnte starten, das fortan nicht alles anders, »aber vieles besser machen« wollte (Schröder). Von nun an galt »Regieren macht Spaß«. Das Arbeiten nach dem 68er-Spaß- und Lustprinzip prägte denn auch die ersten Regierungsjahre: Es wurde probiert und reformiert, es wurden Bündnisse (für Arbeit und gegen rechte Gewalt) und neue gesellschaftliche Debatten (für »Innovation und Gerechtigkeit« und die »Green-Card«) ausgerufen, Öko-Steuer und Dosenpfand eingeführt, der Ausstieg aus der Atomenergie beschlossen und der Einstieg in erneuerbare Energien, die Schwulen- und Lesbenehe eingeführt und das Einbürgerungsrecht entschärft. »Was sie nicht interessierte – in der Arbeitsmarktpolitik, in der Steuerpolitik – betrieben sie so nachlässig, daß sie ihren Gegnern innerhalb und außerhalb des Parlamentes zu viele Angriffspunkte lieferte«, bilanziert der Autor Jochen Busche, »was sie aber interessierte – Staatsangehörigkeit, Homo-Ehe, Zuwanderung – verfolgte sie mit so elitärem Anspruch, was Modernität und Moral der Gesellschaft anbelangte, daß große Teile der Bevölkerung reserviert blieben oder in Ablehnung verharrten.« Nur hauchdünn und für viele überraschend war folglich der Vorsprung bei ihrer Wiederwahl im Jahr 2002.

Drei Jahre später war das rot-grüne Projekt am Ende. Bis dahin hatte es durchschnittlich alle sechs Monate einen Minister verschlissen und den Zuspruch der Bürger obendrein. Es war das Ende der Träume von 1968 durch die Wucht der Sachzwänge und die eigenen Fehler – es war aber auch ein neuer Anfang. Denn geschmeidig ist die Regierungsriege in neue Betätigungsfelder gewechselt, statt in die politische Pension in gutdotierte Beraterjobs, Aufsichtsratsposten, in die Geschäftsführung von Unternehmen oder in neue politische Funktion.

Sie sind Rentenverweigerer wie viele dieser Generation, die mit dem 1. Januar 2005 nominell das Rentenalter erreicht hat. Ob Gerhard Schröder oder Wolfgang Clement, Oskar Lafontaine oder Rudolf Scharping, sie sind keine Ausnahme. Hier eine kleine, international zusammengestellte Auswahl mehr oder minder prominenter Persönlichkeiten aus Politik, Wirtschaft und Kultur des ersten 68er-Rentnerjahrgangs, des Jahrgangs 1940, der in das Altersdasein eingetreten ist:

- Franz Müntefering, Vize-Kanzler
- Hubert Burda, Verleger (»Focus«, »Bunte«)
- Marie-Luise Marjan, Schauspielerin (»Mutter Beimer« in der »Lindenstraße«)
- Eugen Drewermann, Theologe und Psychotherapeut
- Herbie Hancock, US-amerikanischer Jazz-Musiker

- Joachim Gauck, langjähriger Bundesbeauftragter für die Stasi-Unterlagen
- Giorgio Moroder, Komponist
- Rainer Holbe, TV- und Hörfunk-Moderator
- Christoph Eschenbach, Pianist und Dirigent
- Helmut Jahn, deutsch-amerikanischer Star-Architekt
- Matthias Habich, Schauspieler
- Bernhard Sinkel, Regisseur
- Wolfgang Clement, Bundesminister für Arbeit, Wirtschaft und Soziales a.D. (SPD)
- Ringo Starr, Schlagzeuger der »Beatles«
- Vera Tschechowa, Schauspielerin
- Pina Bausch, Choreographin, Gründerin des Wuppertaler Tanztheaters
- Tom Jones, Pop-Sänger (»Sex Bomb«)
- Lothar de Maizière, letzter Ministerpräsident der DDR
- Al Jarreau, US-amerikanische Jazz-Legende
- Hans-Olaf Henkel, ehemaliger Präsident des Bundes der Deutschen Industrie, Autor
- Frank Duval, Schlagersänger und Komponist
- Terry Gilliam, britischer Schauspieler und Regisseur (»Die Ritter der Kokosnuß«)
- Brian De Palma, US-amerikanischer Regisseur (»Die Unbestechlichen«)
- Werner Mauss, Ex-Geheimagent
- Carolin Reiber, TV-Moderatorin

- Jürgen Todenhöfer, Ex-Politiker und Medien-Manager
- Winfried Hassemer, Vizepräsident des Bundesverfassungsgerichtes
- Jonny Hill, Schlagersänger und Entertainer
- Hermann Otto Solms, FDP-Politiker
- Siegfried Jerusalem, Tenor
- Horst Teltschik, ehemaliger Kanzlerberater und Manager
- Heidelinde Weis, Schauspielerin
- Eberhard Weber, Bassist und Komponist
- Elke Sommer, Schauspielerin

Glaube da noch einer an einen Ruhestand. Bisher hat ihn noch keiner angetreten.

Die 68er im Alter: Eine Typologie

Vom »Rückzug ins Private« haben die 68er schon immer mehr verstanden als alle anderen. Sei es nur für einige Wochen des Jahres, wenn es die Schilys, Fischers und Lafontaines mal wieder in ihre geliebte Toskana zog. Oder sei es gleich für mehr als ein Jahrzehnt wie bei Klaus Uwe Benneter, der nach seinem unrühmlichen Ende als Juso-Chef lange Zeit privatisierte, um dann zunächst als Hinterbänkler im Bundestag wieder aufzutauchen und als Männerfreund von Gerhard Schröder noch einmal als SPD-Generalsekretär späte Karriere zu machen. Der traditionelle Gedanke, dem Staate ganz und gar, also ohne persönliches Refugium, zu dienen, hat diese Generation nie angekränkelt. Schließlich hatten sie auch »das Private für politisch« erklärt. Für den Ruhestand scheinen sie denn auch besser gerüstet als die Generation davor. Und politisch sind sie längst dabei, ihn still und heimlich vorzubereiten. »Zu altern ist eine faszinierende Angelegenheit«, bekannte »Rolling Stone« Keith Richards, »je älter man wird, desto älter will man werden.«

Schöne neue Welt. Unternehmen wir einen kleinen

Ausflug in diese Zukunft. Wie könnte ein Rentnerleben künftig aussehen? Dazu vier kleine Milieustudien:

1. Das Abendlicht bricht langsam über dem kleinen Ort südlich von Florenz herein. Auf der Terrasse des einfachen, aber stilvoll hergerichteten Landhauses sitzt ein graumelierter Herr, etwa Mitte 60, und schwenkt sein Rotweinglas. Ihm gegenüber sitzt eine junge Frau. Vor den beiden liegen einige Bücher, »Der Spiegel« und die »FAZ« vom Vortag. Genießerisch kostet der Mann den edlen Tropfen. »Claudia, wir sollten mal wieder zum Einkaufen nach Rom fahren, mir fehlen einige Sommeranzüge für die nächsten Meetings und Partys in Berlin und Stockholm. Was meinst du?« Die Frau nickt lächelnd, der Vorschlag gefällt ihr – nicht ganz uneigennützig. »Ich werde Freddi anrufen, vielleicht können wir ein Essen in Rom arrangieren«, antwortet sie. »Finde ich gut«, entgegnet ihr Mann und führt das Glas erneut zum Mund. Die Abendsonne senkt sich langsam in das tiefe Schwarz der Nacht. (Siehe unten: Typ 1)

2. Das Zigarillo, das die schlanke Frau an der Bar eines Hotels raucht, erglüht im Halbminutentakt. Noch während sie den Rauch ausstößt, redet sie schon wieder: mit Journalisten, Politikern, Rentnern, Interessierten und Neugierigen. Sie umzingeln sie, als such-

ten sie Schutz, bedrängen sie mit Fragen, stacheln sie an. Die Dame im reiferen Alter sagt ihnen, was sie hören wollen. Zum Beispiel, daß es so nicht weitergeht, mit der Politik, der Renten- und Sozialpolitik im besonderen. Und daß sie es nicht mehr hören könne, das dumme Geschwätz von den reichen Rentnern und Hausbesitzern. In kürzester Zeit und ohne es eigentlich zu wollen ist die Frau zur Führungsfigur einer neuen Rentner-Protestbewegung geworden. Vor zwei Jahren noch saß sie als Chefdramaturgin in einem renommierten Schauspielhaus in Berlin. Lediglich vor Freunden haderte sie darüber, daß es abwärts gehe mit dem Wirtschaftsstandort Deutschland. Jetzt, im Ruhestand, so findet sie, sei der Punkt erreicht, an dem man noch einmal aktiv in das gesellschaftliche Leben eingreifen müsse. Am Tag ihres Ruhestandes beschloß sie: »Leute, wir müssen auf die Straße.« Also schaltete sie eine kleine Anzeige in der Zeitung – eine Einladung zu einem Diskussionsabend unter der Zeile »Best-Agers, wehrt euch!«. Rund 200 ehemals aktive Unruheständler erschienen prompt zu dem Termin. (Siehe unten: Typ 2)

3. Die Balkontür der Zweizimmerwohnung am Rande der Altstadt von Düsseldorf steht sperrangelweit offen. Die helle Spätnachmittagssonne dringt in das Wohnzimmer der 86 Quadratmeter großen Wohnung. Auf dem Ledersofa sitzt ein altes Ehepaar, er um die

70, sie etwas jünger, und verfolgen ein Fußballspiel. Bei jeder spektakulären Aktion auf dem Bildschirm leuchten die Augen der beiden Senioren, die ihr Berufsleben als Sozialarbeiter in Düsseldorf-Garat, einer verrufenen Gegend in der Vorstadt, verbracht haben. Therapien bei Selbstmordgedanken und Drogensucht waren ihr gemeinsamer Tätigkeitsbereich. Auf dem Tisch stehen zwei alte Kaffeetassen, diverse Gesellschaftsspiele und eine Tablettenbox für die Tagesration lebenserhaltender Pillen in unterschiedlichen Farben, das Farbspektrum der kleinen Helfer reicht von rot bis weiß. Als der Pensionär das Zimmer verläßt, um einen Toilettengang zu erledigen, zeigt sich, daß sein Körper schon längst nicht mehr die Beweglichkeit der eben noch bestaunten Fußballer besitzt. »Schade«, murmelt er, »ich würde gern mal wieder ins Stadion gehen, aber das lange, unbequeme Sitzen machen meine Knochen nicht mehr mit.« (Siehe unten: Typ 3)

4. Es ist Freitag. Der Arbeitstag des Freiberuflers neigt sich dem Ende zu. Eigentlich befindet sich der Arzt und frühere Chef einer psychiatrischen Einrichtung schon seit geraumer Zeit im Ruhestand, trotzdem bringt er es nicht so richtig fertig, gar nicht mehr zu arbeiten. Deshalb hilft er gelegentlich bei einem jungen Kollegen aus und übernimmt einige Patienten. Sein Leben lang war der Psychiater ehrgeizig und fleißig. Heute lebt er in zweiter Ehe und hat vier Kinder. Das

Ehepaar lebt in Frankfurt. Sie leisten sich eine Penthousewohnung, die groß genug ist (200 Quadratmeter), um die Kinder für eine Übernachtung einplanen zu können. Sie können sich durchaus auch vorstellen, eine Alters-WG zu gründen. Beide haben sich ein neues Hobby zugelegt, sie spielen gemeinsam Golf und treffen sich häufig mit einem Freund, dem Ex-Rektor einer Universität und dessen Ehefrau. Gemeinsam arbeiten sie dann an ihrem Handicap oder reden über moderne Literatur. Politik interessiert sie nur noch am Rande, sie ist nur selten Gegenstand eines ihrer Gespräche und wenn, dann nur, weil »alles schlechter wird und früher alles besser war«. Ein Interesse teilen beide Ehepaare: Sie wollen fit bleiben im Alter: Jogging und Tennis – neben dem Golf – soll dabei helfen. Gern doziert der Arzt über den körperlichen und psychischen Nutzen von sportlicher Bewegung – gerade im Alter. (Siehe unten: Typ 4)

Diese vier unterschiedlichen Lebensmodelle zeigen: Es wäre ein eklatanter Fehler, zu glauben, daß die Einstellungen und Verhaltensweisen, die man gemeinhin mit der älteren Generation verbindet, bei allen älteren Menschen gleich seien. Im Gegenteil: Je älter Menschen werden, desto größer werden die Unterschiede zwischen ihnen. Die Heterogenität im Alter ist immens, die Lebenskonzepte sind unterschiedlich. So zeigt die Berliner Altersstudie, eine vom Max-Planck-

Institut für Bildungsforschung herausgegebene Untersuchung über die Situation zwischen 70 und 103 Jahre alten Menschen: Mehr als zwei Drittel von ihnen fühlen sich selbständig, gesund und unabhängig, mehr als 90 Prozent haben noch erklärte Lebensziele. Lediglich ein Drittel zeigt sich eher an der Vergangenheit orientiert. Dies gilt selbstverständlich und erst recht für die 68er, wenn sie ihren Ruhestand antreten. Gerade sie werden unterschiedliche Alterslebensstile pflegen und ihr Dasein auf die verschiedenste Art und Weise organisieren, mehr noch als alle anderen Senioren-Generationen vor ihnen. Trotzdem verbindet sie mehr, als man auf den ersten Blick zu erkennen vermag. Doch zunächst zurück zu den eben beschriebenen Seniorentypen.

Es werden, folgt man einer Studie des Psychotechnischen Instituts in Wien, in naher Zukunft vier Typologien auftreten, denen die 68er-Senioren zugeordnet werden können:

Typ 1: Die vitalen Genießer
26 Prozent aller 68er-Rentner werden sich hier einordnen lassen. Dabei überwiegt der oben geschilderte Mann in der Toskana. Sie lassen sich durch Ausgeglichenheit, Zufriedenheit, Aktivität, Kontaktfreudigkeit und eine positive Einstellung gegenüber dem Alter charakterisieren. Sie demonstrieren

auch im Alter eine hohe Risikobereitschaft, sind qualitätsorientiert und blicken auf eine lange Lebenserfahrung zurück. Sie haben kräftig konsumiert und mindestens eine Scheidung hinter sich. Im aktiven Leben zählten sie zur deutschen Elite, kennen die Welt und sind ausgesprochen selbstbewußt. Klassische Beispiele dafür: Gerhard Schröder, Joschka Fischer, Otto Schily, Hans Olaf Henkel, Justus Frantz usw.

Typ 2: Die Aufmüpfigen oder Renitenten
Neun Prozent aller 68er-Senioren werden aufmüpfig und renitent sein. Sie sind Ich-bezogen, auf den eigenen Vorteil bedacht und neigen zur Rebellion. Ihr Markenzeichen ist eine besondere Form von Jugendlich- und Sportlichkeit (Forever-young-Syndrom), und sie haben das, was der Publizist Thomas Groß »die Unfähigkeit zu altern« nennt. Jede wahrgenommene Ungerechtigkeit wird von der Kanzel der politischen Korrektheit herunter angeprangert und mit speziellen Methoden der Vergangenheit angegangen.

Typ 3: Die Deprimierten
Zu 17 Prozent werden sich die 68er-Ruheständler der Gruppe der Deprimierten zugehörig fühlen. Sie empfinden das Alter als eine Last und haben eine tendenziell negative Einstellung zu ihrem Körper.

Außerdem zeichnet sie ein Preisbewußtsein aus, das aber, wenn es ihre Gesundheit betrifft, einer Qualitäts- und Markenorientierung weicht. Sie kaufen ihre Produkte nicht im Bioladen, sondern bei Aldi oder Lidl, und verbringen den Urlaub im eigenen Garten oder auf dem Balkon. Das Politikinteresse richtet sich auf die »Tagesschau«, »Monitor«, »Aspekte« und die Lokalzeitung.

Typ 4: Die Traditionellen
Sie werden rund 48 Prozent der 68er-Senioren ausmachen und nach der Devise leben: »Ich bin so alt, wie ich mich fühle.« Zu diesem Typ zählen alle, die 1968 auf der anderen Seite standen oder sich später distanzierten, wie zum Beispiel Uschi Glas, Peter Gauweiler, Edmund Stoiber, Bernd Eichinger, Wolfgang Gerhard, Dieter Thomas Heck usw. Sie strebten damals nicht den langen Marsch an, sondern widmeten ihre Lebenszeit gleich der Karriere, und das – wie man heute noch sieht – mit Erfolg. Natürlich hatten auch diese 68er mehr oder minder Vorlieben für Rockmusik und lange Haare.

Vier unterschiedliche Typen – vier unterschiedliche Lebensweisen. Und doch werden die 68er-Rentner mehr Verbindendes haben als andere Generationen. Und das werden neben den Segnungen von Geriatrie und Gentechnik die Psychologie und die Esoterik sowie der Konsum sein. Sie ermöglichen den unbeschwerten Übergang in den Ruhestand. Aus dieser Verbindung entsteht der Stoff, aus dem Altersträume zukünftig konstruiert werden können: Schönrederei und Hypochondrie, Hypnose und Suggestion, der Glaube an Steine, die Leiden lindern, und an Tarot-Karten, die die Zukunft vorhersagen, der Umgang mit geschäftstüchtigen Geriatern und faltenstraffenden Schönheitschirurgen sowie schließlich der Genuß der Früchte ihres Lebens.

Die Esoterik und die Psychologie werden die Vorstellung von der Sterblichkeit des Menschen erträglich machen. Sie geben den 68ern Hoffnung und Halt. Dabei scheint eines sicher: daß sich auch die Anti-68er-68er (Typ 4) dieser Instrumente bedienen werden. Denn auch jemand wie Edmund Stoiber leidet unter dem Verfallsdatum der menschlichen Existenz, und selbst Uschi Glas kennt die Altersgrenzen weiblicher Schönheit. Nicht ohne Grund hat sie sich in der »BILD«-Zeitung noch mit fast 60 Jahren im knappen Bikini ablichten lassen und dazu gleich die psychologische Erklärung geliefert: »Auch Alte haben ein Recht auf öffentliche Nacktheit!«

Der Konsum schließlich, von ihnen einst verdammt, beschert ihnen paradiesische Zeiten schon auf Erden. Die 68er werden die letzte Generation sein, auf die Norbert Blüms Satz »Die Rente ist sicher!« noch zutrifft. Geschickt ist es ihnen bereits gelungen, die

Anhebung des Renteneintrittsalters trotz massiver Probleme in den Kassen auf einen Zeitpunkt zu verschieben, da sie ihre eigene Alterskohorte nicht mehr betreffen wird. Und sie werden über ein – teils selbst erarbeitetes, teils ererbtes – Vermögen von einem Ausmaß verfügen, wie noch keine Generation vor und wohl auch nach ihr. »Nicht die Ideen der Achtundsechziger änderten die Gesellschaft, sondern die von ihnen verteufelte Wohlstandsgesellschaft nahm gierig ihre neuen Bedürfnisse auf«, bilanziert der Autor Henning Ritter den Weg der 68er, »und es dauerte nicht lange, bis die Generation, die zur Bundesrepublik auf Distanz gegangen war, sich bereitwillig von dem verschlingen ließ, was sie eben noch als Konsumgesellschaft verteufelt hatte.«

Der Konsum: ein ebenso einigendes Band wie die gemeinsame Vergangenheit. Oder, wie es der Philosoph Peter Sloterdijk spöttisch kommentierte: »Alle Wege von 68 führen letzten Endes in den Supermarkt.«

Rentrop, der Rebellenrentner: Ein Fallbeispiel

Ein eigenes Bauernhäuschen auf Sardinien oder Mallorca, das war Michael Rentrops großer Traum. In seiner von Akten, Büchern und CDs überbordenden kleinen Eigentumswohnung liegen Immobilienangebote aus den italienischen und spanischen Luxusregionen in den Ikea-Regalen. Seine Leidenschaft gilt seit Jahren ausgedehnten Wanderungen in den ursprünglichen Bergregionen gerade dieser beiden Mittelmeerinseln. Doch für einen verbeamteten Lehrer ist ein Leben in solcher Idylle unbezahlbar – trotz der Erbschaft, die er unlängst gemacht hat. Die Immobilienpreise stiegen bedeutend schneller als sein Gehalt. Er wird zornig, wenn er daran denkt, wie sich Superreiche auf den Inseln eingenistet haben. Umwelt und Sozialgefüge wurden seiner Meinung nach systematisch und rücksichtslos zerstört. So suchen er und seine Freunde, allesamt ehemals aktive 68er, Ersatz, vielleicht in der Türkei, wo alles noch billiger ist. Ihm und seinen Freunden schwebt ein kommuneähnliches Leben vor.

Michael Rentrop ist, wie so viele seiner Generation, Lehrer geworden. Hunderte von Schülern hat er seither in Geschichte und Ökonomie an einem Gymnasium in Berlin unterrichtet. Der Beruf wird zwar nicht gut bezahlt und findet keine wirkliche Anerkennung in der Gesellschaft, dafür machte ihm die Arbeit mit den Jugendlichen anfangs große Freude. Er glaubte viele Jahre daran, in der Schule könne er etwas verändern in dieser Gesellschaft, jedenfalls mehr als in vielen anderen Berufen.

Nur noch zwei Tage bis zu seiner Rente, die Planungen für den Einstieg in seinen neuen Lebensabschnitt sind bereits weit gediehen. Und der soll ihn gemeinsam mit Freunden zurückführen in seine Zeit der Jugend, allerdings unter strahlender südlicher Sonne. Der Abschied von der Schule wird ihm leichtfallen. Die Realität hat ihn längst eingeholt und ernüchtert, nicht erst seit den Vorkommnissen an der Rütli-Schule in Berlin-Neukölln.

1968 lebte Michael Rentrop mit seinen zwei Freundinnen Renate und Bärbel in Wohngemeinschaften, damals kurz und verklärend WG genannt. Da wurde endlos viel über Kapitalismus, Mao und den SDS diskutiert, gegen die Bourgeoisie demonstriert und mit dem Bombenleger Bakunin sympathisiert. Es waren wilde, unruhige und rebellische Zeiten, die ihn später fast um seinen Wunschberuf gebracht hätten. Schließlich gab es den Radikalenerlaß, der Extremisten den Zugang zum Staatsdienst verwehrte. Doch Rentrop konnte sich seinen Weg ans Lehrerpult in öffentlichen

Schulen erfolgreich einklagen wie so viele seiner Generation. Seinem Freund Jürgen ging es ähnlich, heute ist er Professor für Soziologie in Hannover. Allerdings ist der mittlerweile Mitglied der CDU und im Rotary-Club und liest, was Rentrop nicht versteht, die FAZ.

Mit seinen heute 64 Jahren ist Rentrop immer noch beseelt von der sogenannten Stamokap-Idee, daran hat auch der Zerfall des Ostblocks nichts verändert. Stamokap steht für »Staatsmonopolkapitalismus« und bedeutet, daß die Wirtschaft in die Hände des Staates und nicht in Privateigentum gehöre. Diese Idee fasziniert Michael Rentrop heute noch und vor allem diese Zeit, da man Kakteen an die unverbesserlichen marktwirtschaftlich orientierten Kommilitonen verteilte, die bereits mit der FDP flirteten. Große Sympathien hegt er für Evo Morales, der es vom einfachen Koka-Bauern zum bolivianischen Staatspräsidenten gebracht hat und als eine der ersten Amtshandlungen sogleich die Erdöl- und Erdgasindustrie verstaatlichte. Evo Morales, das ist für Rentrop einer vom Schlage Che Guevaras.

Rentrop ist ein Fossil oder besser: ein lebender Dinosaurier und keiner wie Joschka Fischer, der – angesprochen auf böse pubertäre Streiche in den 60ern – heute schnell mit einer Entschuldigung zur Hand ist, nur um weiter in den staatstragenden Anzug eines Ex-Außenministers zu passen. Und so wie Fischer als Außenminister um die Welt jettete mit gramzerfurchter Mine, als trüge er wie Atlas die Last des ganzen Globus auf seinen Schultern, denkt Rentrop heute rastlos und angestrengt darüber nach, »wie wir unser Alter anders als unsere Eltern in den Griff kriegen«. Das heißt vor allem, »nicht als Rentnerehepaar völlig aufeinander fixiert zu sein«. Am schlimmsten wäre für ihn ein fremdbestimmtes Dasein im Altenheim – für einen Antiautoritären das Fegefeuer auf Erden, eine im 68er-Jargon »totale Institution«, die die Menschen zerstört.

»Nichts gegen die 68er, aber sie werden bald 68«, lästerte der SPD-Politiker und heutige Bundesumweltminister Sigmar Gabriel und hat damit zugleich auch recht. Denn auf die Pensionierung gehen tatsächlich immer mehr jener einst Neuen Linken zu, denen im politischen Feuilleton längst die Vorsilbe »Alt« vorangestellt wird.

Rentrop indes unterscheidet nicht in »Neu« und »Alt«, und vieles aus seinen stürmischen Jahren charakterisiert ihn bis heute. So das »Dem Volke dienen«. Das hatte zwar schon der alte Fritz zum Prinzip erhoben, in Rentrops Wertewelt allerdings fand es Eingang durch die Mao-Bibel. Bei Rentrop gibt es deshalb Selbsthilfeprojekte ohne jedwedes eigene finanzielle Interesse, er engagiert sich obendrein für die Suppenhilfe am Bahnhof Zoo und hat in Stuttgart einen Förderverein »Bildung gegen Armut in Kolumbien« gegründet.

Aus reiner Theorielust diskutiert Rentrop auf Einladung des Essener Kollegs für »Unterdrückungsforschung«. Für Rentrop hat die 68er-Generation das Engagement in der »Dritten Welt« überhaupt erst erfunden. Seit einigen Jahren denkt er allerdings immer öfter auch an sich, wie sich sein Leben bald verändern wird: »Ich werde im Alter ein Auto brauchen und viel Geld für Bücher, Zeitungen, Theater- und Museumsbesuche und natürlich für Städtereisen, zum Beispiel nach Saigon und Woodstock, wo ich unbedingt einmal hinmöchte.« In seinem Kopf reift zudem die Idee zu einem Politikkrimi und ein »geheimes Projekt«, wie er es nennt, zu seinem Lieblingsthema: »Der aufgeklärte Mensch im Alter von 68«.

Vielleicht jedoch will er sich obendrein mit ganz anderen Fragen befassen wie: »Brauchen wir in Deutschland eine Rentnerpartei, damit das Alter auch wirklich zu seinem Recht kommt? Oder ist das nur eine verwegene Vision?« »Keineswegs«, sagt er, »denn sie ist bereits Wirklichkeit geworden, im Israel des Jahres 2006.« Bei den Parlamentswahlen im Frühjahr schaffte die neue Rentnerpartei Gil auf Anhieb sensationelle sieben Sitze in der Knesset, wurde damit für eine neue Regierungskoalition unentbehrlich und mit einem neu geschaffenen Rentnerministerium und dem Gesundheitsministerium bedacht. Entstanden war die Partei aus Unmut über niedrige und weiter sinkende Renten und die ihrer Ansicht nach zu hohen Medikamentenpreise. »Mit ihrem Protest fanden die Gil-Kandidaten jedoch nicht nur Unterstützung bei den Rentnern, sondern auch überraschend und in starkem Maße bei den Erst- und Zweitwählern – die haben einfach ihre Großeltern gewählt«, erzählt Rentrop und strahlt dabei, als hätte seine Zukunft gerade erst begonnen. »Diese Bewegung hat bereits Deutschland erreicht, denn bei der Wahl zum Berliner Senat im Herbst 2006 erreichten die Grauen Panther 3,8 Prozent, in einzelnen Bezirken eroberten sie sogar Sitze, so in Spandau, Neukölln, Charlottenburg-Wilmersdorf und Mitte«, erzählt er weiter und offenbart, daß Freunde von ihm dort aktiv mitgewirkt hätten. Er allerdings sehe seine Heimat eher bei den Grünen, die ja ein Kind der 68er sind.

Die wachsende Macht der Alten

Nach nur fünf Monaten war der Generationswechsel gescheitert. Kurz nachdem Matthias Platzeck (Jahrgang 1953), im November 2005, Franz Müntefering (Jahrgang 1940) im Amt des SPD-Parteivorsitzenden abgelöst hatte, erklärte er schon wieder seinen Rücktritt. Die Gesundheit hatte ihm den Dienst versagt, die ersten und zugleich letzten Monate seiner Amtszeit indes waren begleitet gewesen von einem wachsenden Murren innerhalb seiner Partei, der frisch gekürte Hoffnungsträger sei denn wohl doch zu blaß und farblos, zu wenig programmatisch und profiliert. Zu seinem Nachfolger kürte sie sogleich den Pfälzer Kurt Beck, Jahrgang 1949 und damit aus den Endausläufern der 68er-Generation. 1972 trat er wie so viele dieser Generation aus Begeisterung über die Brandtsche Reformpolitik der SPD bei, jetzt war er der fleischgewordene Kompromiß zwischen den Jüngeren und den Älteren in der Sozialdemokratie und zugleich Ausdruck einer personellen Ausgezehrtheit einer Partei, in der die 68er die Generation ihrer Nachfolger (derjenigen zwischen 50 und 60) stets klein gehalten hatte. Die Personalie Beck, sie ist auch Ausdruck der

Macht einer Generation, die von der Macht nicht läßt.

Und diese Macht ist eine wachsende, auch wenn sich Altersforscher noch darüber streiten. So spricht beispielsweise Hans-Peter Tews von einem »Strukturwandel des Alters«, der einhergehe mit einer zunehmenden »Altenmacht«, seine Kollegin Ursula Lehr freilich hält dies für eine Erfindung der Medien. Längst aber sind die ersten publizistischen Bataillone in Stellung gebracht, die auf mehr Einfluß der Älteren drängen und gegen den Jugendwahn wettern: »Wer sitzt denn im Bundestag? Greise und Greisinnen? Keine Spur«, so der Journalist Haug von Kuenheim (Jahrgang 1934), im Gegenteil, horrend unterrepräsentiert sei man dort. Der Altersforscher Paul B. Baltes stellte fest, daß nur 1,6 Prozent der Abgeordneten des letzten Bundestages älter waren als 65 Jahre, und er fragte polemisch: »Könnte es sein, daß unsere Politiker zu jung sind, daß sie deshalb die mit dem Älterwerden der Bevölkerung zusammenhängenden Probleme nicht begreifen können?«

Die Enquete-Kommission des Deutschen Bundestages »Demographischer Wandel – Herausforderung unserer älter werdenden Gesellschaft an den Einzelnen und die Politik« kommt in ihrem Schlußbericht zu folgendem Urteil: »Im Zuge des demographischen Wandels bilden die Älteren in der Gesellschaft ein immer größeres politisches Machtpotenzial. Sie repräsentieren einen steigenden Anteil der Wahlberechtigten, stellen eine wachsende Minderheit in Großverbänden wie den Gewerkschaften, gründen zunehmend eigene Organisationen und sind in Parteien und Seniorenbeiräten präsent.« Inwieweit dieses Potenzial zu einem tatsächlichen Machtfaktor werde, hänge jedoch davon ab, ob die Älteren bzw. Teilgruppen unter ihnen sich als eine Gesellschaftsgruppe mit eigenen Interessen begriffen und ob ihnen die Mittel zur Verfügung stünden, diese Interessen auch durchzusetzen. »Zwar fehlt den Älteren jenes ökonomische Drohpotenzial, das die verschiedenen Gruppen des Erwerbssystems im Konfliktfalle einsetzen können, sie verfügen aber in zunehmendem Maße sowohl über die körperlichen und kognitiven als auch über die materiellen Voraussetzungen eines politischen Engagements. Dies zeigt sich etwa an dem stark ausgeprägten politischen Interesse sowie an dem steigenden Anteil der in der Gesellschaft oder Politik aktiven ›neuen Alten‹.«

Nichts deutet derzeit darauf hin, daß sich die 68er-Generation aus Parlamenten, Vorständen, sozialen Bewegungen und Großorganisationen zurückzöge, im Gegenteil: Sie wollen und werden weiterhin eine besondere Rolle spielen und ihren politischen Einfluß möglicherweise sogar noch ausbauen. Entgegen kommt ihnen dabei, daß in den Parteien, Gewerkschaften und sonstigen Organisationen der Anteil älterer Mitglieder permanent wächst und dadurch ein Druck der Partizipation der Alten entsteht. Zugleich haben sie es mit einer Generation von Nachwachsenden zu tun, die ihnen kaum entgegentritt. Die Sozialwissenschaft nennt sie die »Middle Youth«, die mittlere Jugend, die zwar schon erwachsen ist, aber dennoch lebt und fühlt wie Jugendliche – bis in das fünfte Lebensjahrzehnt hinein. Jeder Vierte von ihnen lebt zwischen 18 und 30 noch bei den Eltern, geheiratet wird – wenn überhaupt – bei den Männern durchschnittlich mit 37, bei den Frauen mit 34. Eine Generation, der jüngst der Bund Deutscher Psychologen die Aufforderung zurief: »Werdet endlich erwachsen!«

Die 68er-Alten in Deutschland werden deshalb zu einem gewichtigen politischen Machtfaktor, Politik wird ohne oder gegen die Älteren immer schwerer zu machen sein. Zumal es um die vitalen Interessen ihrer Zukunft geht: »Nach unseren neuesten europäischen Umfrage-Daten billigt man in großer Mehrheit den Menschen im nachberuflichen Leben das gegenwärtige Maß an Alterssicherung zu«, hat die Gesellschaft für Konsumforschung festgestellt, aber »wenn man diesbezüglich die Zukunft anspricht, sinkt die ›Liebe für die Alten‹ deutlich ab. Die Menschen ahnen die kommenden Engpässe, antizipieren Dilemmata«. Oder mit den Worten des Journalisten Richard Herzinger: »Die 68er sind längst selbst zum saturierten Mittelstand geworden, der den Reiz der Bewahrung für sich entdeckt hat.«

Unvermindert bestimmen sie deshalb die öffentliche Debatte, sie setzen die Themen, sie sind die Deuter. Das Monats-Magazin »Cicero« veröffentlichte 2006 ein Ranking von 500 Intellektuellen in Deutschland. Der Index resultierte aus der Anzahl der Zitate und Veröffentlichungen in den Medien. Die Liste liest sich wie ein »Who is Who« der 68er. Das Durchschnittsalter der Top-100-Intellektuellen beträgt 66 Jahre, was den Ranking-Experten Max A. Höfer im gleichen Heft zu der Frage verleitet: »Warum hört dieses Land nur auf die alten Alphatiere?« In seiner Analyse ist von »geistiger Erstarrung« die Rede, von einem längst existierenden »Komplott der Methusaleme« und davon, daß »seit 30 Jahren die gleichen männlichen ›Großintellektuellen‹ die geistige Szene Deutschlands beherrschen«. Auf der Liste finden sich gute alte Bekannte wie Günter Grass (Platz 1), Alice Schwarzer (Platz 9), Elke Heidenreich (Platz 12) und Jürgen Habermas (Platz 6). Unter den ersten 60 der Rankingliste sind rund 40 Prozent 68er.

Wer da noch glaubt, daß »Rentner« nicht einen sozialen Wandel beeinflussen könnten und würden, verkennt wieder einmal, daß das Alter nicht nur eine zahlenmäßige Größe ist, sondern auch eine qualitative, und daß mit dieser 68er-Generation eine hochpolitische und einflußreiche Gruppe in den Ruhestand vorrückt, die über erhebliche finanzielle Ressourcen verfügt und sich selbst einen missionarischen Rang in der deutschen Geschichte einräumt. Sie besitzt damit alle Mittel, um Einfluß zu nehmen.

Dabei wird sie eine Massenbewegung sein mit Reform- und Alternativcharakter zugleich. Zu vergleichen wäre sie am ehesten mit den Bürgerrechtsbewegungen in den USA (»Schwarz gegen Weiß«) und den feministischen Bewegungen in Europa (»Frau gegen Mann«). So wie die Frauenbewegung für Gleichberechtigung in der Gesellschaft, das Recht auf Abtreibung und ein neues Scheidungsrecht gekämpft hat und die Bürgerrechtsbewegung für die Gleichheit der Schwarzen vor dem Gesetz, werden die 68er für die politische und ökonomische Gleichheit der Alten, ein neues Arbeitsrecht und für flexiblere, selbstbestimmte Lebensarbeitszeiten streiten. Vorboten dafür gibt es bereits: Die deutschen Universitätsprofessoren forderten unlängst eine Verlängerung der Lebensarbeitszeit durch die Anhebung der Altersgrenze vom 65. auf das 68. Lebensjahr, in Hessen dürfen Landräte und Oberbürgermeister neuerdings bis 71 im Amt bleiben, und das Bundesverfassungsgericht entschied, daß Kassenärzte sich noch im Alter von 55 Jahren niederlassen dürfen. Sie werden sich für moderne Wohnformen und die Verbesserung des Erbrechts einsetzen. Und so wie die Bürgerrechts- und Frauenbewegung werden sie sich gegen eine gesellschaftliche Stigmatisierung wehren. Die Frauen wehrten sich gegen die weibliche Rollenzuschreibung der drei K (Kinder,

Küche, Kirche), die 68er-Generation heute gegen das »Altsein« mit all seinen Klischees. Die Altersrevolution wird so gesehen zu einer klassischen Emanzipationsbewegung des 21. Jahrhunderts. Jetzt, da sie begonnen haben wahrzunehmen, daß sie selbst schon zu den Alten zählen, wird ihnen schlagartig die Altersdiskriminierung in der Gesellschaft klar. Für viele 68er wird dies wie ein Schockerlebnis sein und diese Betroffenheit binnen kurzer Zeit zum Kult werden (»kultiviert werden«). Jede Form der Diskriminierung alter Menschen wird sodann aufs heftigste angeprangert, ähnlich wie früher von Alice Schwarzer in der Zeitschrift »Emma«, wo Firmen, die mit nackten Evastöchtern warben, gebrandmarkt wurden. Die Betroffenheit wird schließlich in eine allgemeine soziale Bewegung münden.

Bei dieser Altersrevolution bedarf es keines Marsches durch die Institutionen mehr. Es bedarf auch keines Lärms und keines Aufruhrs mehr, um sich Gehör zu verschaffen. Sie sind schließlich noch alle an der Macht, in einflußreichen Positionen und in den Köpfen der Menschen. Schriftsteller, Politiker, Soziologen, Philosophen, Ökonomen, Journalisten und Theologen, die entweder selbst der Generation 68 angehören, oder solche, die als ihre »geistigen Väter« oder auch »Söhne« gelten, beeinflussen die Stimmungen und Meinungen im Land. Sie bleiben, um auch dieses, ihr wohl letztes großes Lebensthema, das Alter, zu verändern und in ihrem Sinne zu kontrollieren und zu reformieren.

Die 68er werden eine neue Gesellschaftsordnung fordern, um endlich all die Ungerechtigkeiten gegenüber Alten zu beseitigen. Sie werden nicht die heutige Jugend kopieren, um jung zu bleiben, sondern ihr Alter auskosten und dieses Lebensgefühl selbst zum Maßstab erheben. Zukünftig wird der soziale Wandel von den Alten mitbestimmt. Und sei es mit einem ultimativen Schreckensszenario, wie es der Bestseller-Autor Frank Schirrmacher entwarf: »Gelingt es uns nicht, das Altern der Menschen neu zu definieren und zwar als eines der einzigartigsten zivilisatorischen Ereignisse, die Menschen überhaupt beschieden sind, werden wir in eine Zivilisation der Euthanasie eintreten.«

Eine Revolution frißt ihre Kinder

Wer sich dem Begriff »alt« nähert, kann nur das kalte Grausen bekommen. Es genügt schon ein Blick in das Duden-Wörterbuch »Die sinn- und sachverwandten Wörter«. »Alt« wird darin gleichgesetzt mit: »senil«, »verkalkt«, »verknöchert«, »altmodisch«, »hinfällig«, »morsch«, und »bei jemandem rieselt (schon) der Kalk«. Mit Verlaub: Welch ein Unsinn! Seit einigen Jahren bereits wird der Begriff des Altseins immer schwammiger: Denn, und das ist die Frage: Ab wann ist man eigentlich alt? Früher bereits mit 65, morgen vielleicht erst mit 75, 80, 90 Jahren? »Die Vitalisierung des Alters hat ihren Schlußpunkt noch nicht gefunden. Das zeigen jüngste Studien«, behauptete etwa Paul B. Baltes, »ihre Ergebnisse werden wahrscheinlich dazu führen, daß sich die Grenzen dessen, was gesellschaftlich und subjektiv als Alter definiert wird, verschieben. Alter beginnt mit 70 statt 65, Altersstatistiken müssen neu geschrieben werden.« Oder, wie es der Publizist Thomas Groß formuliert: »Das Lebensalter hat sich von seinen biologischen Voraussetzungen emanzipiert und ist zu einer Frage der Performance geworden: Zeichen gibt es genug.« Eines jedenfalls ist bereits unverkennbar: Zu den Kindern, Jugendlichen und Erwachsenen gesellen sich neuerdings drei weitere Generationen: die 55plus-, die 65plus- und die 75plus-Generation – eine Sechs-Generationen-Gesellschaft ist Realität geworden. Sie hat bereits jetzt ein kolossales Echo in allen Arten von Medien hervorgerufen, ob es nun um die Generation der 30jährigen (»Generation Golf«), um die mittlere Generation (»Generation X«) oder die Vision eines uns alle bedrohenden »Methusalem-Komplotts« geht, den Schirrmacher befürchtet.

Dabei geht es schon längst nicht mehr allein um eine Bestandsaufnahme und Bewertung, es gedeihen in diesem Umfeld zunehmend auch Verschwörungs- und Untergangsszenarien. Unverblümt ist die Rede vom »Krieg der Generationen« analog dem vom amerikanischen Autor Samuel P. Huntington beschworenen und befürchteten »Krieg der Kulturen«, von »Mobilmachung«, »Streitkräften«, »Aufrüstung«, »Altersbarrikaden« – eine Wortwahl, die nicht gerade eine friedvolle Zukunft verheißt. Auch Schirrmacher spricht in diesem Zusammenhang von einem »Clash of Generations«. Dieser These widerspricht der Bremer Ex-Bürgermeister Henning Scherf in seinem Buch über das Alter und seine eigenen Erfahrungen entschieden: »Die Familienforschung hat herausgefunden, dass das Zusammenleben der Generationen heute harmonischer ist denn je. Das liegt auch am demographischen Wandel. Die Familie hat sich eben spürbar verändert. Sie ist mit den Jahren schlanker und ranker geworden. Mit jeder Generation werden weniger Kinder geboren, und der Abstand zwischen den Generationen wird immer größer, teilweise beträgt er 35 Jahre. Im Extremfall vertritt jeweils ein Familienmitglied eine Generation. In dieser ›Bohnenstangenfamilie‹, wie amerikanische Soziologen sagen, geht man anders miteinander um, als es in der geschwister- und cousinenreichen Großfamilie der Fall war. Es gibt weniger Konflikte, weil Junge und Alte in größeren zeitlichen und auch räumlichen Abständen leben. Die Jungen wollen ihre Unabhängigkeit – die Alten aber auch.«

Indes: Viele Autoren sprechen letzten Endes immer von sich selbst und ihrer Generation, und das mit fast schon pathologischer Sorge und Selbstbespiegelung. Sie machen aus jedem Übergang einen Schicksalsschlag, sei es die Schwelle von der Ausbildung zum Berufsleben oder die Phase in der Lebensmitte um die 40. Das Jammern auf beträchtlich hohem Niveau hat Methode, und die genannten Gründe dafür sind zwei alte Bekannte: der demographische und der soziale Wandel.

Allerdings: Es gibt auch eine Reihe ernstzunehmender mahnender Stimmen. Der »Papst der Rente und Demographie«, Meinhard Miegel, sieht in seinem Buch »Die verkannte Revolution« in aller Sachlichkeit nichts weniger als den Untergang des Abendlandes heraufziehen, weil die Geburtenrate in Europa sinkt und der soziale Wandel dies auch noch begünstigt: »Nichts ist für ein Land auf Dauer so folgenreich wie die Entwicklung der Bevölkerung. Für alle Bereiche des politischen, wirtschaftlichen und gesellschaftlichen Handelns macht es einen fundamentalen Unterschied, ob die Bevölkerung zahlenmäßig zu- oder abnimmt, diese Entwicklung schnell oder langsam erfolgt, der Jugend- oder Altenteil groß oder klein ist.«

Es ist eine Entwicklung eingetreten, an der, privat wie politisch, vor allem eine Generation maßgeblich beteiligt gewesen ist – die der 68er. Sie haben zum Marsch durch die Institutionen geblasen und ihn erfolgreich absolviert. Sie sind Minister, Universitätsprofessoren, Börsenexperten, Unternehmer, Ärzte und Anwälte geworden, fahren Mercedes, Porsche, Audi oder BMW, denken an Geld und Karriere und scheuen sich nicht zu verklagen, wer und was sich ihnen beruflich oder privat in den Weg stellt. Dabei haben sie eines völlig vergessen: Kinder zu zeugen. In den langen Marsch hinein in die Top-Positionen von Gesellschaft und Staat steckten sie ungeheuer viel, ja alle Zeit und Kraft. Der eigene Nachwuchs blieb da glatt auf der Strecke, wie schon der Blick in die Statistik beweist. Hatten bis 1968 noch etwa 90 Prozent der Ehen und Lebensgemeinschaften Kinder, so sank dieser Anteil mit Beginn der 70er Jahre auf 65 Prozent. Hieran hat sich bis heute nicht viel geändert. Wenn diese Entwicklung anhält – und dafür spricht einiges –, steigt der Anteil der Kinderlosen in naher Zukunft auf rund ein Drittel, und ein weiteres Viertel hätte wie bisher nur ein Kind. Familien mit mehr als einem Kind, das ist sicher, können die sich dadurch auftuende Lücke in der Alterspyramide nicht schließen. Wie ein Menetekel steht deshalb das Schlagwort von einer »Vergreisung der Gesellschaft« an der Wand.

Von den Frauen der 68er-Generation haben in Deutschland etwa ein Viertel kein und ein weiteres Viertel nur ein Kind geboren. Akademikerinnen sind sogar zu mehr als vierzig Prozent ohne Nachwuchs geblieben. »Viele alleinstehende Frauen«, so beschreibt es spöttisch die vormalige Frauenbewegungs-Aktivistin Helke Sander, »sind die eigentliche Errungenschaft von 68«. Seither läuft der demographische Film, der jahrhundertelang fast ununterbrochen steigende Bevölkerungszahlen gezeigt hatte, rückwärts. Ausgerechnet die Generation, die freie Liebe propagierte, hat sich nicht hinreichend fortgepflanzt, sondern, im Gegenteil, den unausgesprochenen Pakt der Generationen – die Erwachsenen sorgen für die Jungen, so wie die Jungen später für die Älteren sorgen – klammheimlich gekündigt und damit große demographische Probleme herbeiführt. Zudem haben sie mit ihren Ideologien und (Zukunfts-)Ängsten einen sozialen Wandel eingeleitet, der diesen negativen Trend bis heute stabil hält. Die Geburtenraten haben sich von dem »Anti-Kinder-Bazillus« nie erholt. Die Gründe dafür sind vielfältig, sie liegen im Jahr 1968.

Die 68er erklärten die lebenslange »Versorgungsehe«, das Füreinanderdasein »in guten wie in schlechten Tagen«, schlagartig für beendet. Sie war ihnen unmodern geworden. Neue Beziehungsformen wurden getestet. Sie erfanden die mehr oder minder feste Beziehung ohne Trauschein, sprachen vom Lebensabschnittspartner statt von Liebe und schufen statt Sprößlingen Selbsterfahrungsräume und Sinnreservoirs. Die »Beziehung« war geschaffen, vernunftgesteuert und hochkompliziert. Jede Kleinigkeit wurde bis zur Erschöpfung »ausdiskutiert«. Selbstverwirklichung und -befreiung rückten in den Mittelpunkt des Lebens, »das offene Gespräch« ersetzte die unausgesprochene Verläßlichkeit.

Oft gingen die problematisierenden Aussprachen weit über Alltagsprobleme hinaus und wurden schnell grundsätzlicher Natur, begleitet von einem ausgeprägten apokalyptischen Endzeitgefühl. Ängste taten sich auf, ganz nach dem Motto: »Die Welt geht unter, und ich bin dabei.« Die Ursachen für die drohende Apokalypse waren vielfältig: drohende oder akute Kriege, eine Ölpest oder andere Umweltverschmutzungen, der sich abzeichnende Klimawandel, bedrohte Tierarten, Gifte in Nahrungsmitteln, Möbeln, Kleidung oder die unmoralischen Profite der Konzerne und Bosse.

In eine solche Welt konnte man unmöglich Kinder setzen.

Diejenigen 68er, die dennoch Eltern wurden, lehnten es ab, von ihren Kindern mit »Mama« oder »Papa« angesprochen zu werden. Das Kind war als eigenständiges, gleichberechtigtes Individuum anzusehen, und deshalb mußte es die Eltern mit deren Vornamen ansprechen. Dies wie auch mancherlei andere antiautoritäre Maßnahme in der Erziehung zeigte nicht immer die gewünschte Wirkung. Oftmals, und spätestens nach der Zeit im Kinderladen, waren viele 68er von ihrem Nachwuchs enttäuscht. Denn der entsprach so gar nicht den Erwartungen, die sie an Kinder ihrer Generation knüpften. Sie erschienen verwöhnt, angepaßt und uneinsichtig gegenüber dem Glück, das man ihnen angedeihen ließ – kurzum: Sie hatten sich zu »Konsumsklaven«, »Besserwissern« und zu »totalen Versagern« entwickelt. Stammhalter also, die die Ideale ihrer Eltern mit Füßen traten, indem sie »Das Kapital« von Karl Max durch Businesspläne ersetzten. Eine für viele 68er mehr als verdrießliche und unerfreuliche Erfahrung. Deshalb erklärte man schleunigst zum zweiten Mal das alte Familienideal (Vater, Mutter und zwei/drei Kinder) zur eigenen Entlastung für überholt und zum Symbol ausgemachter Spießigkeit: »Mehr als ein Kind ist politisch unkorrekt!« In diesem Sinne sind – nebenbei bemerkt – der frühere deutsche Bundeskanzler und sein damaliger Außenminister sehr korrekt. Sie bringen es zusammen auf bisher neun Ehen bei lediglich – im Falle Fischer – zwei leiblichen Kindern.

Selbstverständlich hängt der Absturz der Geburtenrate nicht nur mit den Einstellungen der 68er zusammen, sondern auch mit der Einführung empfängnisverhütender Mittel, den finanziellen Lasten, die mit Kindern einhergehen, beengten Wohnverhältnissen sowie einem Mangel an Kinderkrippen- und -gartenplätzen. Trotzdem spielt der Mentalitätswandel eine erhebliche Rolle. So stellt die Studie »Starke Familie – Bericht der Kommission ›Familie und demographischer Wandel‹« im Auftrag der Robert-Bosch-Stiftung fest, daß in hochgradig individualistischen Gesellschaften Kinder als weniger attraktiv angesehen werden. Mögen Kinder für viele eine Bereicherung sein – seit den 68ern hat ihre Anziehungskraft rapide abgenommen.

Berufliche Karrieren, persönliche Unabhängigkeit, Ungebundenheit und Freiheit und der Drang nach einem flotten Leben, das durch Kinder naturgemäß gewisse Einschränkungen erfährt, bekamen durch sie einen wesentlich höheren Stellenwert als das eigene, warme Nest mit Stammhaltern. Ein Anspruch, der sich bis in unsere Tage gehalten hat. Oder, wie Rainer Langhans sagt: »All dies, was wir damals versucht und gedacht haben, wenngleich nicht alles, was wir damals wollten, aber das Wesentliche, hat sich heute durchgesetzt. Das bedeutet, daß wir damals eine Jugendkultur geschaffen haben, die absolut dominant bis heute ist. Daß wir Werte geschaffen haben, die heute sich weiterentwickeln, sicherlich anders, als wir uns das damals vorstellen konnten.«

Im letzten Jahrhundert hat sich in Deutschland eine Umkehr der Alterspyramide vollzogen. War bis Ende der 60er Jahre die Geburtenrate noch sehr hoch und die Lebenserwartung eher gering, entwickelte sich im Laufe der 70er Jahre eine steigende Lebenserwartung bei gleichzeitigem Geburtenrückgang. Viele Sozialforscher sprechen deshalb bei der Alterspyramide auch von einem Atompilz – und meinen damit nicht nur dessen Aussehen, sondern auch seine Sprengkraft. Einen Teil der enormen Wolke dieses Atompilzes füllen die 68er aus. Sie zählen zu den geburtenstarken Jahrgängen. Hinter sich her ziehen sie, bis auf die starke Babyboomer-Generation, den Rattenschwanz der geburtenschwachen Jahrgänge, die sie mit verursacht haben. Sollte es tatsächlich einmal zu einem Krieg der Generationen kommen, ist vorauszusehen, wer die größten Bataillone stellen wird.

Es gibt viele Menschen, die heute behaupten, daß die 68er und ihre Vergangenheit unsere Republik in ihren Grundfesten erschüttert hätten. Bezogen auf die demographische Entwicklung stimmt die Vermutung mit Sicherheit. Diese Generation hat ihre Leitsterne und Ideale nach Belieben und Zeitgeist über Bord geworfen – so wurde auch »Make love, not war« zu einem Rohrkrepierer. Das Ganze hat für die 68er jedoch eine positive Begleiterscheinung: Sie, die angehenden Alten, werden die Gesellschaft zahlenmäßig dominieren können. Für den Historiker Michael Stürmer steht deshalb bereits jetzt fest: »Der Generationenkampf wird Klassenkampf. Unter jungen Parlamentariern und an Universitäten beginnt heilsame Unruhe. Es ist Zeit, den Aufstand zu proben. Geschieht nichts, ist die Zukunft der Jungen von den Alten, eingeschlossen die Revolutionsopas, schon konsumiert, bevor sie begann.«

Das Lied von der ewigen Jugend: Die Popkultur

Der »Summer of Love« 1968 dauerte nur drei Monate. Wie jeder andere Sommer auch. Trotzdem unterscheidet er sich von allen vorherigen oder späteren. In ihm erblickte die Popkultur das Licht der Welt. Eine Kultur, die keine Generationen kennt. Denn sie vermittelt ein Bewußtsein, einen Rausch von unvergänglicher Jugend. Jeder 68er weiß, Pop und Alter schließen sich eigentlich aus. »Mach die Negermusik aus!«: So pflegten ihre Väter die neue, provokante Musik zu kommentieren, wenn der Nachwuchs mal wieder das Leistungsvermögen der Lautsprecheranlage auf die Probe stellte – die »Satisfaction« war schließlich an die Phonzahl gekoppelt. Doch das war damals. Heute ist die Popkultur der Kitt und das Konservierungsmittel der 68er-Generation – und zwar auf dem Teenager-Level. Sie sorgt dafür, daß sich das Lebensalter von seinen biologischen Voraussetzungen abkoppelt und damit emanzipiert. Soziologen sprechen dabei vom »Impact der Jugendlichkeit auf das Altern als Sozialgestalt« – eine schwerverdauliche Umformulierung der Redensart »Jeder ist so alt, wie er sich fühlt«.

Manche sehen das freilich anders. »Am Horizont

der Zukunft«, schreibt Frank Schirrmacher, »baut sich eine der erbittertsten Streitmächte gegen die Alten auf, die es je gegeben hat. Sie marschiert auf uns zu. Und die Gesellschaft, die wir geschaffen haben, nimmt den Alternden alles: das Selbstbewußtsein, den Arbeitsplatz, die Biographie. Unsere Lebensentscheidungen basieren auf Grundrissen und Daten eines vergangenen Jahrhunderts. Gingen wir mit dem Raum so um wie mit unserer Lebenszeit, würden wir in Postkutschen reisen.« Schirrmacher allerdings geht von einem eher antiquierten Altersbild aus. Und das sieht etwa so aus: Wenn das Alter zuschlägt, ist man ohnmächtig. Dann ist man eben alt, hört und sieht schlecht, läuft nur noch beschwerlich und steht verdattert, geplagt vom körperlichen Verfall, an der Kasse eines Supermarktes und läßt sich hilflos von der Kassiererin ein paar Münzen aus dem ebenso betagten Portemonnaie klauben. Die Jugend steht feixend oder stoßseufzend daneben und raubt den Alten damit den letzten Rest des Selbstbewußtseins.

Dieses Bild jedoch ist grundfalsch. Denn das Gegenteil zeichnet sich derzeit ab. »Der Beitrag der Popkultur zum demographischen Wandel ist ein anderer: Statt selbst in den Spiegel zu blicken, hat sie das Alter nach dem Bildnis der Jugend entworfen«, behauptet der Autor Thomas Groß, es sei so selbstverständlich, »daß man es fast nicht mehr sieht: Der fitte Alte, der mit nie erlöschender Vitalität teilhat an Konsum und

Innovation, ist ein Produkt des großen Popbebens der Nachkriegszeit.« Seine Pionierphase falle in die Fünfziger, seine Durchsetzung in die Sechziger, »als die hedonistischen Lebensstile sich, anfangs gegen den Widerstand der Kriegsgeneration, auf breiter Front popularisierten, mit der Jugend in der Rolle der Avantgarde und einer neuartigen Kulturindustrie als Motor«, so Groß.

Die 68er haben überdies erkannt, daß die von ihnen entwickelten Werkzeuge dafür zwar aus dem vergangenen Jahrhundert stammen, aber sehr wohl noch tauglich sind. Sie verbinden sie mit der Sehnsucht nach vertrauten Zeiten: der Nostalgie und der Geborgenheit der Erinnerungsgemeinschaft. Das bedeutet: eine Zukunft in der Vergangenheit ohne Verweigerung der Gegenwart und Zukunft. Die 68er haben mit den Jahren lernen müssen, daß die Gegenwart nur eine kurze Karriere hat. Deshalb beschäftigt sie schon heute die Frage: Wie alt bin ich, wenn ich alt bin? Die 68er haben darauf längst eine Antwort gefunden: Nicht die Biologie, sondern die (falsche) Kultur macht uns zum Rentner. Alter ist nicht Schicksal, sondern reine Willkür und falsche Konvention, ein ungerechtes Produkt von Definitionsmacht. Oder, wie es die Schriftstellerin Monika Maron ausdrückt: »Ich will lange leben – ich will nicht alt werden.«

Uschi Obermaier, eines der großen Sexsymbole der 68er, ist inzwischen 60 Jahre alt. Noch immer schüttelt es sie, wenn sie vom Geist im Deutschland der Adenauer- und Erhard-Jahre spricht. Als sie 50 wurde, hat sie sich für den »Playboy« ausgezogen, sie wirkte dabei weit weniger verschlissen als viele 30jährige. Auf die Frage, welches bisher die schönste Zeit ihres Lebens war, antwortete sie: »Ich dachte immer, nach 50 bin ich tot. Dabei macht das Leben heute so viel Spaß, weil ich mehr weiß. Die 60er waren wirklich rauschhaft. Es war doch alles neu: die Philosophie, die Mode und vor allem die Popmusik.«

Die Popkultur erzählt keine Balladen vom Altern und Sterben, sondern vom Jung- und Ungezwungensein, vom prallen Leben. Es geht um Power, Protest und Paradiese, um Rebellion und Revolution, um Liebe, Lust und Zärtlichkeit. Bereits seit Jahren sind die großen Komponisten und Autoren dieser Pop-Hymnen Alternde – falls sie überhaupt noch leben. Nicht wenige haben längst das Zeitliche gesegnet, manche starben an Drogen, manche an den Spätfolgen der Exzesse, manche an Krebs, wie der Ur-Beatle George Harrison. Und die Liste der toten Pop-Giganten der 68er wird immer länger.

Die Veteranen der Popmusik indes fühlen sich nicht alt. Alt ist man erst, wenn man mit sich nichts mehr anzufangen weiß. Also starten sie zur wirklich »allerletzten Tournee«, wie es die Rolling Stones seit nunmehr 20 Jahren immer aufs neue tun. Biologisch gesehen, betreten sie die Bühne als Greise und tragen

Rockmusik aus einem anderen Jahrhundert vor. Und die 68er-Erinnerungsgemeinschaft feiert sie als Botschafter ewiger Jugend – so wie die Indianer ihren Totenkult zelebrieren, nur unter umgekehrtem Vorzeichen. Das Alter ereilt halt nur Jazz- und Bluesmusiker. Da paßt es hin. Denn Jazz und Blues haben im Unterschied zum Pop verschiedene Altersmodelle erzeugt. Ihnen haftet das Alter nachgerade an. Das Alter ist hier sogar zum Markenzeichen geworden. Eine Jazz- oder Bluesband mit jungen Männern ist zwar vorstellbar, aber Konstellationen mit betagten Autoritäten sind und bleiben der Klassiker.

So werden die Shows der Rolling Stones, von Cher, Eric Clapton oder Simon & Garfunkel in den Stadien der Welt zu gigantischen Forever-Young-Ereignissen. Diese ziehen dessenungeachtet nicht nur die alten Fans an, der Mythos transportiert sich über die Musik weiter. Rockrebellen altern und sterben nicht, und wenn doch, dann nur in jungen Lebensjahren. Nur wenige beschleichen da leise Zweifel. Ein Musikkritiker in einer englischen Tageszeitung hat jüngst nach einem Auftritt von Mick Jagger festgestellt: »Wie anstrengend die Bühne für Männer um die 60 sein kann, verrät Mick Jaggers Gesicht, in dem Jugendgestalt und Totenmaske sich zu begegnen scheinen.«

Pop gilt als Jugendkultur, das ist keine Frage. Dabei hat die Mehrheit seiner Fans bereits ein beachtliches Alter erreicht. Die Besucher der Stones-Konzerte, so finden die Kinder und Enkel der 68er, haben etwas Abgeschmacktes: Alte, die ihre ungelenk gewordenen Gliedmaßen und ramponierten Organe durch wilde Tanzbewegungen der Gefahr aussetzen, bald ganz den Geist aufzugeben. Allzeit jung: In den Popkonzerten verdichtet sich der Kult der Jugendlichkeit dieser Generation. Die Pop-Nostalgie führt die 68er im Alter wieder zusammen, sie wird zu ihrer Signatur. Ob ehedem Revoluzzer, Hippie oder Mitläufer: Sie treffen sich wieder bei Revivals, Best-of-Events und Comebacks. Stars und Bands von damals, meist in Neu- oder Rumpfbesetzung, die plötzlich aus der Vergessen- und Vergangenheit wieder auftauchen, werden von den Medien gefällig gefeiert. »Ja, die gibt es noch!«: Jethro Tull, Beach Boys, Phil Collins, Dave Dee, Lords, Leonard Cohen, Joan Baez, Cat Stevens.

Die Popkultur feiert derweil runde Geburtstage und die Generation, die mit ihr groß wurde, auch. »Trau keinem über 30« – der alte Slogan der einstigen Pop-Jugend wird heute auf den Kopf gestellt: Es ist »poppig«, 60 oder 70 zu werden. Man braucht sich nur anzuschauen, wie Veteranen wie Bob Dylan oder Mick Jagger allein durch ein persönliches Jubiläum die Öffentlichkeit begeistern und Alt-Rocker Ozzy Osborne in seiner eigenen TV-Soap das Publikum durch seine notorische Frühsenilität zu Jubelstürmen hinreißt.

In den Vereinigten Staaten war mit Bill Clinton ein bekennender Hippie Präsident geworden. In England hat Premierminister Tony Blair das »Cool Britannia« des Britpop gefeiert, und der Züricher Stadtpräsident Elmar Ledergreber schmückte sich im Fernsehen mit dem Bekenntnis, er sei ein glühender Rolling-Stones-Fan. Selbst Gerhard Schröder wurde bisweilen in Rockclubs in Berlin-Mitte gesichtet und konsumiert die »Ewig-Jung-Droge« Pop. Wie sollen sich da die Jungen heute noch von den Alten abgrenzen? Deren Stars des Techno oder Hip-Hop sind meist nach nur kurzer Zeit bereits wieder am Musikhimmel verglüht. Was bleibt, sind die Giganten und Legenden aus der Tiefe der Popgeschichte der 68er. Sie werden weiter die Stadien der Welt füllen, wie erst im Frühjahr 2006 die Stones in Rio de Janeiro – vor der Rekordkulisse von mehr als 1,2 Millionen Fans. Die Jungen wiederum werden staunend zuschauen, wie ihre Großväter »die Jugend« zelebrieren, und sie werden sich dabei wohl ziemlich alt vorkommen.

Im Wahlkampf ließ Bill Clinton die Hippie-Hymne von Fleetwod Mac spielen: »Don't stop thinking about tomorrow«, man möge nicht aufhören, an morgen zu denken. In dem Lied geht es um einen Helden der Arbeiterklasse, dem allein aufgrund seiner Ausstrahlung der Aufstieg nach ganz oben gelungen ist. Dieses Morgen, an das man denken soll, liegt jedoch in der Vergangenheit, in den Abenteuergeschichten von einem Kinder- und Jugendparadies, das es wahrscheinlich nie gegeben hat. Oder, wie es im Lied heißt: »All these places had their moments, with lovers and friends I still can recall« – all diese Plätze hatten ihre Augenblicke, mit Liebenden und Freunden, die man in Erinnerung rufen kann.

Der SPD-Politiker Klaus von Dohnanyi stellte sich einmal in Bezug auf die 68er die Frage: »Was bleibt? Wohl nicht mehr als ein Mythos, ein Wärmegefühl bei den Teilnehmern, einige interessant geformte Charaktere und eine über zwei Jahrzehnte politisch und intellektuell vernachlässigte Republik. Nachholen kann man das Versäumte nicht, aber man kann ja immer wieder von vorn anfangen.« Sie sind bereits dabei.

Frank Schirrmachers zu Beginn geschildertes Altersbild wird sich deshalb durch die 68er-Alten zum Retro-Phänomen wandeln. Die Silhouette von Männern mit Hut im sanft tuckernden Opel mit Kissen, Klopapierrolle und Wackeldackel auf der Hutablage sowie die freundlichen Teneriffa-Omis wird es in Zukunft nicht mehr geben. Sie werden von der Bildfläche verschwunden sein – so wie die Volksmusik, die sie begleitete.

Die Generation von Popkultur und Protest, die Generation, die das »wilde Leben« favorisierte, wird zum Gestalter und Manager des Alters und – wie es Henning Scherf in seinem Buchtitel zum Ausdruck gebracht hat – aus grau bunt machen. Die Popkultur war farbig, vielseitig und phantasievoll. Die 68er werden die Popkultur in das Alter tragen, sie werden das Alter wie einen Regenbogen leuchten lassen und das ehemals Graue dieses Lebensabschnitts vertreiben. Sie werden ihr Leben einfach leben und dabei einen breiten Individualismus pflegen. Henning Scherf ist ein Vorbote dieser Zeit. Obwohl kein bekennender 68er, lebt er bereits so, wie die Alten der Zukunft leben werden, in einer Wohngemeinschaft, reise- und schreibfreudig, offen für neue gesellschaftliche Entwicklungen – ohne allerdings den Blick für seine Familie, insbesondere seine Enkel, zu verlieren.

Die Revolution, die aus der Pille kam

Nur nicht die Sache beim Namen nennen. So kam sie dann unter der etwas verschämten Bezeichnung »Mittel zur Behebung von Menstruationsstörungen« 1961 erstmals auf den deutschen Markt. Ihr Name: »Anovlar«, hergestellt und vertrieben von der Schering AG in Berlin – genau zehn Jahre, nachdem der Wissenschaftler Carl Djerassi seine Erkenntnisse um einen Abkömmling des weiblichen Hormons Progesteron zum Patent angemeldet hatte. Es war das Patent zur Anti-Baby-Pille. Das Mittel schlug ein wie eine Bombe. Es kostete weltweit nicht nur mehr Leben als vermutlich sämtliche Kriege der Menschheitsgeschichte zusammen, weshalb sie die katholische Kirche bis heute auf das schärfste bekämpft. Es löste zudem eine Revolution aus: die sexuelle Revolution der 60er Jahre. 37 Jahre später: Das amerikanische Pharma-Unternehmen Pfizer entdeckte an einem von ihm entwickelten blutdrucksenkenden Medikament mit dem Wirkstoff Sildenafil überraschende Nebenwirkungen. Die Hypertoniker im zumeist fortgeschrittenen Alter nämlich, denen es verschrieben worden war, verspürten auf einmal wieder ungeahnte und neue

Triebkräfte. »Viagra«, die »Pille für den Mann« war da, diesmal jedoch kein Mittel zur Verhütung, sondern vielmehr als Stimulanz – sozusagen die ideale Ergänzung. »Die Pille für die Frau veränderte das Liebesleben in den 60er Jahren gründlich, insbesondere die 68er Generation wußte den Genuß einer unbelasteteren Sexualität zu schätzen«, stellt der Autor Kuno Kruse fest, »nun sind ihre Männer die ersten, die mit Hilfe handlicher Pillen dem Verfall ihrer Manneskraft trotzen können – und auch wollen.« Dank der sonst gern verteufelten Pharmazie: Die neuen Alten werden zum zweiten Mal in ihrem Leben von ihren Segnungen profitieren und ein ganz neues Altsein erleben – so, wie sie es sich schon in ihrer Jugend erträumt haben.

»Wer zweimal mit der Gleichen pennt, gehört schön zum Establishment«, lautete einst die Parole, und zum Establishment zu gehören war so ziemlich das letzte, was man wollte. Folglich ging es munter durch alle Betten. Die Pille machte es schließlich möglich – auch wenn sie zunächst ausschließlich verheirateten Frauen verschrieben werden durfte. Vorbei die Zeiten, da man von »ehelichen Pflichten« sprach und ihnen »nachkam« – das Nichterfüllen war offizieller Scheidungsgrund –, jetzt wurde die sexuelle Revolution proklamiert. Lusterfüllung, Triebabfuhr, Befriedigung. Und das um ihrer selbst willen – und, wie schön, ganz ohne Risiko. Damit war zugleich die Axt an den Moralbaum der westlichen Zivilisation gelegt. Der voreheliche Geschlechtsverkehr, kurz »GV« genannt, wurde plötzlich gesellschaftlich ebenso diskutiert wie das Thema Liebe an sich. Ihren Eltern trieben die 68er damit die Schamesröte ins Gesicht, waren die doch gewöhnt, das, was sich bei ihnen im stillen Kämmerlein abspielte, für sich zu behalten.

Es war ein Schweigen, das die Jungen ebenso irritierte wie das Schweigen über die Nazizeit – was blieb, war das Mißtrauen und der Wille, gegen diese Prüderie zu rebellieren und natürlich auch damit zu provozieren. Daß damit auch eine Menge Spaß einherging – umso besser. Einer ihrer Hauptprotagonisten wurde Oswald Kolle, ein Journalist und überzeugter Publizist des intimen Miteinanders. Er sah es als seine Aufgabe an, mehr Freude in die deutsche Bettenlandschaft zu bringen, und wurde dadurch zum »Aufklärer der Nation«. Mit missionarischem Geist machte er sich an den Tabubruch und erreichte mit Filmen wie »Sexualität in der Ehe«, »Deine Frau, das unbekannte Wesen«, »Der Mann, das unbekannte Wesen« oder »Ehebruch« breite Schichten der Bevölkerung und natürlich besonders die Jungen.

Sexualität war mit einem Mal das Thema Nr. 1. Die Jugendzeitschrift »Bravo« veröffentlichte Aufklärungsserien mit eindeutigen Illustrationen sowie Verhütungstips. An den Schulen kam die »Aufklärung« auf den Stundenplan. Kunstwerke, Aktbilder und Skulpturen, die in den 50er Jahren als Pornographie beschlagnahmt worden waren, wurden öffentlich ausgestellt. Sogenannte »Männer-Magazine« erreichten ungeahnte Auflagenhöhen, und die Illustrierten ließen keine Gelegenheit aus, blanke Busen zu präsentieren und alles zu zeigen, was bisher im Verborgenen geblieben war.

Noch 1966 waren Umfragen zufolge über 70 Prozent aller Studentinnen nach eigenen Angaben Jungfrauen und der Meinung, daß vorehelicher Geschlechtsverkehr schädlich sei, weil dadurch das Intimste an der Zweisamkeit vorweggenommen und die Ehe dann schal, langweilig und belastet würde. Schon 1968 war davon keine Rede mehr. Die Pille hatte sie inzwischen erreicht, der Keuschheitsgedanke war der normativen Kraft des Koitus geopfert. Nebenbei bemerkt: Verhütung wurde ab diesem Zeitpunkt zur reinen Frauensache – die Männer brauchten sich um nichts mehr zu kümmern.

Den kopflastigen 68ern indes reichte nicht das pure Lustbarkeitsprinzip, es mußte auch einhergehen mit einem eigenen Ideengebilde, einem »ideologischen Überbau«. Es war halt nicht einfach damit getan, daß man sich nach allen Regeln der Liebeskunst – das aus Indien stammende Lehrbuch »Kamasutra« war ein Bestseller – austobte, sondern es sollte sich daraus auch ein tieferer Sinn ergeben. So entstand der Glaube an die emanzipatorische Kraft des Sexes, den der Philosoph Herbert Marcuse und mit ihm die ganze

68er-Generation entdeckten, und er wurde zum Kult. Die Sexualität als Akt der Befreiung im allgemeinen und für sich persönlich im besonderen: Das versprach nicht nur mannigfaltige Freuden, sondern war noch dazu aufregend. Die Ehe als bisher einzige »Lizenz zum Lieben« hatte endgültig ausgedient.

In den flugs gegründeten Kommunen, diesen neu entdeckten Tummelwiesen für Liebes- und Psychospielchen jeder erdenklichen Art, wurde die Sexualität gar zum wichtigsten Bezugspunkt des Aufstandes dieser Generation. So verwundert es nicht, daß sie immer noch von jener Zeit schwärmt. Gern lauschen die 68er heute Uschi Obermaier, wenn sie in Interviews von Erlebnissen dieser Jahre berichtet, von Orgien, Gruppensex und natürlich auch Eifersucht. Etwa als Mick Jagger und Keith Richards zu ihr nach München gereist waren, auf ihrer Bettkante saßen und verlangten, sie solle sich für einen von ihnen entscheiden. Wie die beiden dann stritten, nachdem sie gesagt hatte, sie sollten das unter sich ausmachen. Schließlich blieb Jagger, der hätte, so Uschi, die älteren Rechte gehabt. »Am nächsten Tag kam dann Keith.« So geriet selbst das Politische gelegentlich hoffnungslos ins Hintertreffen. »Was geht mich der Vietnamkrieg an, wenn ich Orgasmusschwierigkeiten habe«, stöhnte der Kommunarde Dieter Kunzelmann, und Rainer Langhans stellte klar: »Die Revolution für eine Frau zu verraten ist immer gerechtfertigt.«

Hohn und Spott hingegen zog sich in jenen Jahren Rudi Dutschke unter seinen Altersgenossen zu. Dutschke hatte schon 1966 im Alter von gerade 26 Jahren seine Freundin Gretchen Klotz, eine US-Amerikanerin und Theologie-Studentin, ganz gutbürgerlich geheiratet; eine Ehe, aus der zwei Kinder hervorgingen. Kurz standen auch sie mit der in Berlin gegründeten Kommune 1 um Uschi Obermaier und Rainer Langhans in Kontakt, lehnten aber deren Umtriebe ab. Den Hardlinern der sexuellen Revolution galt Dutschke fortan als spießiger Traditionalist und mußte sich anhören, ein echter Revolutionär sei nun einmal ausschließlich mit der Revolution und allem, was dazugehöre, verheiratet – und mit niemandem sonst.

Die gesellschaftliche Revolte ging also mit der sexuellen Hand in Hand. Streiten läßt sich freilich darüber, welcher Teil des Aufstandes der wirkmächtigere war. Sicher ist indes, daß die sexuelle Revolution und ihre Folgen, im wesentlichen ermöglicht durch eine kleine, bunte Pille, bis in die heutige Zeit hineinreicht. Es gibt gegenwärtig nicht wenige graubärtige Männer oder grauhaarige Frauen, die vor ihren Kindern stolz behaupten, sie seien 68er (gewesen). Sie hätten zu den Klängen von Scott McKenzies Schmusesong »San Francisco« – natürlich ohne es zu wollen und damit quasi aus Versehen – Kinder gezeugt, hätten Haschisch geraucht und sich politisch engagiert. Das behaupten viele, und in Wirklichkeit sind sie, während die militanten Revoluzzer auf der Straße »kämpften«, einfach nur ihrem Studium oder ihrer Ausbildung nachgegangen und haben insgeheim die »revolutionären« Gleichaltrigen für weltfremde Idioten gehalten. Doch die freiere Sexualität haben sie alle gemeinsam genossen und weidlich ausgenutzt. Auch sie wurde zu einem ver- und erquickenden wesentlichen Band dieser gesamten Generation, von Uschi Obermaier bis Michael Müller.

Die Pille für die Frau (»mother's little helper«) veränderte das Liebesleben in den 60ern, indem sie verhinderte, daß aus Spaß jemals ein Ernst wurde. Jetzt, im Alter der 68er, hat die Beantwortung anderer Fragen Priorität. »Wie werd' ich lieben, wenn ich älter bin?«, darauf wünscht sich nicht nur Liedermacher Konstantin Wecker eine im Wortsinne möglichst befriedigende Antwort. Nun, da allmählich Lahmheit der Lenden und das Verfallsdatum der Manneskraft droht, kommt diese Generation im Rentenalter erneut in den Genuß einer neuartigen Pille (»father's little helper«), das Hilfsmittel gegen schwächelndes Fleisch und für eine neuerliche sexuelle Revolution.

Früher waren Männer, die Urologen aufsuchten, meist im Alter um die 40. Längst sind sie Mitte 50, Mitte 60, demnächst kommen sie noch mit 80 – wenn überhaupt. Vorbei sind die Zeiten von Testosteroncremes, Eier-, Spargel-, Sellerie- oder Austernkuren, um sich fit zu halten für die erotischen Momente des

Ruhestands. 13 Euro kostet eine Viagra-Pille in der Herkules-Version, die dem Manne eine Standfestigkeit verleiht »wie in den besten Jahren«. Und obschon man ein ärztliches Rezept benötigt, um an das Potenz-Mittel zu kommen – auf Krankenschein und somit kostenlos für alle gibt es Viagra noch nicht. Doch kursiert Viagra längst auch wie eine Party-Droge in Deutschland auf einem schwarzen Markt. Ferntouristen brauchen in Südostasien nur in eine gutsortierte Drogerie zu gehen, und sie können sich gegen ein deutlich geringeres Entgelt als hierzulande mit dem Wundermittel eindecken.

Zwar ging es 1968 beim Thema Sex um mehr Individualität und gegen die herrschende Lustfeindlichkeit, um neue Formen des Zusammenlebens, um exzessiven Genuß und gegen prüde Sexualmoral. Vierzig Jahre später aber wiederholt sich nun alles. Ein Leben ohne Viagra, das wäre die staatlich verordnete Lustfeindlichkeit, geprägt von einer prüden und überkommenen Sexualvorstellung, daß Sexualität im Alter ein nachrangiges Kapitel sei.

Das ist es natürlich für die 68er mitnichten. Gegen staatliche Bevormundung sind sie schon immer aufgestanden und gegen Überkommenes allemal. Und so wie sie für die sexuelle Befreiung ihrer Jugend eingetreten sind, werden sie für die sexuelle Befreiung des Alters und deren Enttabuisierung eintreten.

So wie Jost (70) und Marianne (65): Sie und 26 weitere Senioren erarbeiteten im Sommer 2006 im Hamburger Schauspielhaus öffentlich ihre Erfahrungen in Sachen Sexualität und Alter. Jost kokettierte damit, daß er ja keinen Sex mehr brauche, Marianne hingegen beharrte darauf, daß schließlich Vitalität und Sexualität bis ins hohe Alter zusammengehörten. Daß Sex im Alter einen zunehmenden Stellenwert hat, zeigte zudem eine Studie der Universität Leipzig. Danach hat die Zahl der sexuell aktiven Senioren in den vergangenen Jahren bereits stark zugenommen, vor allem zwischen 60 und 70 und noch mal über 70 Jahren. »Das eine ist die Liberalisierung der Sexualität, daß es nicht mehr verpönt ist, im Alter Sex zu haben«, erklärt Elmar Brähler von der Leipziger Uni den Anstieg, »zum anderen spielt aber auch die verbesserte Gesundheit eine große Rolle.« Hinzu komme, daß immer öfter Männer »jüngere Partnerinnen haben«. Mit dem Ergebnis, daß sie auch immer öfter späte oder nochmalige Väter werden. Exotische Einzelfälle sind sie längst nicht mehr: Bereits fünf Prozent aller Neugeborenen haben in Deutschland einen Erzeuger, der älter als 50 Jahre ist.

Die Leidenschaft,
die sich im Alter noch verstärkt

»Hollywood entdeckt die Alten«, schreibt »Der Spiegel« in dem Artikel »Senioren verzweifelt gesucht« im Herbst 2006 und stellt weiter fest: »Während Jugendliche sich Internet und Videospielen zuwenden, umwirbt die Filmindustrie ihre Eltern als zahlungsfähiges Publikum.« In den USA boomt das Filmgeschäft, dabei besetzen die Alten die Traumrollen, und zwar vom Liebhaber bis zum Helden. Das Durchschnittsalter der Schauspieler von Hollywoodproduktionen steigt von Jahr zu Jahr.

In Deutschland nimmt man die Veränderungen auf dem Markt noch nicht so dramatisch wahr. Obwohl einer Potsdamer Studie zufolge, so der »Spiegel«, der Anteil der über 50jährigen Kinobesucher um 14 Prozent stieg, »werden die über 30 Millionen Best Ager in Deutschland als Publikum bislang kaum ernst genommen. Während im Ausland bereits US-Ketten wie Muvico oder Boutique-Kinos wie das Pariser MK 2 mit edler Ausstattung und anspruchsvollen Programmen ältere Kinobesucher umwerben, hat sich in Deutschland bisher wenig getan.« Eine Hinwendung zum alten Publikum ist im deutschen Fernsehen indes bereits im Gange. Zwar gehören Sex-Szenen längst zum Fernsehprogramm wie der Mord zum Krimi. Aber lustvoller Sex auf der Mattscheibe zwischen einer 67jährigen und einem kaum jüngeren Mann? Das hatte es bis zum Frühjahr 2006 nicht gegeben, zu sehen im Film »Mathilde liebt« mit Christiane Hörbiger in der Titelrolle. Wochenlang ereiferte sich darüber die Boulevard-Presse: »Darf man das?« – und entdeckte gleichsam das Thema Sex im Alter. Dabei ist es alles andere als neu: Bereits 1970 schrieb die führende Repräsentantin des französischen Existentialismus in der Literatur und langjährige Weggefährtin von Jean-Paul Sartre, Simone de Beauvoir, ihr Buch »Das Alter«. Darin prangerte sie leidenschaftlich die Einstellung moderner Gesellschaften gegenüber dem Alter an.

Gestützt auf Platon, begründet de Beauvoir die Herrschaft der Alten. Der Idealstaat ist demnach der Staat, der das Glück der Menschen gewährleistet. Nur Menschen, die das Dunkel hinter sich gelassen und ausreichend erfahren und nachgedacht hätten, so Platon, seien zum Regieren geeignet. Erst nach einer guten Erziehung, die in der Jugend beginnen müsse und ihre vollen Früchte erst mit 50 und mehr Jahren trüge, seien Menschen reife Erwachsene. Von diesem Alter an sei der Mensch im Besitz der Wahrheit und erst dann geeignet, zum Hüter des Staates zu werden. Simone de Beauvoir folgert daraus: »Die Herrschaft der Befähigten, wie Platon sie wünscht, ist also gleichzeitig eine Gerontokratie.«

Sätze wie »Für die Gesellschaft ist das Alter eine Art Geheimnis, dessen man sich schämt und über das zu sprechen sich nicht schickt« und »für diejenigen, die nicht aufgeben wollen und die sich nicht aus Horror vor dem Alter ins Alter stürzen wollen, bedeutet alt sein der Kampf gegen das Alter«, werden zum Nährboden für die Altersrevolution. Ein Werk voller kämpferischer Weisheiten, die die Alten emotionalisieren werden. »Alles, was das Alter meinem Körper mit Gewalt nimmt, gewinnt meine Seele an unsterblicher Jugend und strahlender Liebe.«

Simone de Beauvoir widmet sich ausführlich auch einem der wichtigsten Themen der 68er-Generation: der Sexualität. Ohne gesunde Libido kein gesunder Körper und kein gesunder Geist, ist ihr Credo. Natürlich räumt sie ein, daß im Alter der Organismus abbaut und die »psychischen Reaktionen auf erotische Stimuli seltener und langsamer werden« oder »ganz ausbleiben« können. Doch selbst »wenn die Sexualfunktionen nachlassen«, würde der Mensch nicht »asexuell«, »selbst der Eunuch oder der Impotente bleibt ein geschlechtliches Wesen«. »Es gibt eine tief in der Sexualität verwurzelte Leidenschaft, die sich im Alter noch verstärkt«, schreibt Simone de Beauvoir, sie sei jedoch nicht nur auf den Geschlechtsverkehr konzentriert, sondern umfasse auch Zärtlichkeiten anderer Art sowie tiefe Emotionen, wie beispielsweise Verliebtheiten, Haß und Alterseifersucht. Die Existentialistin wendet sich entschieden gegen eine gesellschaftliche Tabuisierung und Diskriminierung der Alterssexualität, weil sie unmenschlich sei und die Alten unweigerlich in psychische und physische Krankheiten stürze. Anhand prominenter Fallbeispiele wie Victor Hugo und Leo Tolstoi verdeutlicht sie, wie wichtig die Sexualität im Alter für Phantasie und Schaffenskraft ist. Sex im Alter, so das Fazit, ist eine Art lebensverlängernde Maßnahme.

Selbst fast vierzig Jahre nach Erscheinen des Buches bestehen die Vorurteile gegenüber der Sexualität im Alter jedoch unvermindert fort: Noch immer dominiert der Jugendkult die Leitbilder der Gesellschaft, Sex gilt als Privileg der Jungen. Die Alten der Kriegsgeneration hätten Worte wie Orgasmus, Selbstbefriedigung, Vagina, Penis oder Kondom niemals ausgesprochen, höchstens in weinseliger Männerrunde oder in Form schlüpfriger Witze. Das wird sich schon in den nächsten Jahren radikal ändern. Das »Es« wird zum brandaktuellen Thema des Alters.

Denn die 68er sind Dauerjugendliche, die statt auf Müßiggang und Entspannung auf Leidenschaft, Spielen und Lernen setzen. Und sie setzen Sex mit Freiheit gleich. Eine Ursache dafür liegt in den Frauen, die sich ihre sexuelle Befreiung mit der Emanzipationsbewegung hart erkämpft haben. Sie stellen die erste weibliche Generation, die eigene Berufskarrieren verwirklichen konnten, statt sich auf Gedeih und Verderb dem Ehemann unterzuordnen und auszuliefern; sie sind deshalb heute selbstbewußter als ihre Mütter und zumeist wirtschaftlich unabhängig. Sex ist kein Tabuthema in der Beziehung mehr, und die Frauen sind es gewohnt, ihre Wünsche und Vorstellungen geltend zu machen.

Untersuchungen der Autorin Kerstin von Sydow erbrachten in den 90er Jahren Hinweise auf die sexuellen Interessen älterer Frauen: Am häufigsten üben demnach ältere Frauen Intimverkehr aus, die einen jüngeren Partner haben, bei Frauen mit einem älteren Mann ist die Koitus-Frequenz am geringsten. So verwundert es nicht, wenn Filmstars wie Demi Moore (45) neue Maßstäbe schaffen. Sie hat ihren alternden Ehemann Bruce Willis (52) gegen Ashton Kutcher (27) eingetauscht.

Die 68er-Frauen werden den Paradigmenwechsel in Sachen Sexualität im Alter als Teil der Altersrevolution intensiv betreiben. Da Frauen weit weniger als Männer an körperlichen Schwächen beim Sex zu leiden haben, werden sie die Männer für sexuelle Probleme im Alter verantwortlich machen. Ebenfalls vorbei ist es mit der allein Männern vorbehaltenen Angewohnheit, altersbedingte Unzulänglichkeiten nach außen hin mit einer jungen Geliebten zu kaschieren. Heute sucht sich auch die ältere Frau einen jüngeren Mann, nicht um sich zu schmücken, sondern weil dieser ihrem selbstverständlichen Bedürfnis nach Sexualität besser entspricht.

In Finnland untersuchte die Wissenschaftlerin Elina Haavio-Mannila die sexuellen Lebensstile von Generationen, darunter auch die der 68er-Jahrgänge. Das Ergebnis für die Generation, die die sexuelle Revolution auf den Weg brachte, sah so aus:

Nur 15 Prozent lebten zufrieden in Monogamie, 25 Prozent hatten im Laufe ihres Lebens mehrere Beziehungen nacheinander, und 29 Prozent führten Parallelbeziehungen. Neueste Untersuchungen in Deutschland zeigen eine ähnliche Entwicklung. Während Jugendliche in Deutschland heute Sexualität wieder stärker an Liebe und Monogamie binden und sich »ewige Treue« versprechen, ja sogar von einer »Remoralisierung von Treue« die Rede ist, stellen die neuen Alten wie 1968 die Monogamie in Frage.

Die 68er werden im hohen Alter weiter lustvoll lieben und die Sexualmoral Zug um Zug neu definieren. Während die bisherige Moral Sex im Alter weitgehend ausgeklammert hat, heißt die neue Doktrin: »Mein Körper gehört mir, egal wie alt er ist.« Will man das Phänomen genauer beschreiben, muß man die Typologie dieser Generation hinzuziehen, aus der sich ein spezielles Sexualverhalten ableiten läßt.

Typ 1: Die vitalen Genießer

Für diesen Typ hat Treue als moralisches Prinzip ausgedient. Er lehnt heimliches Fremdgehen ab (es sei denn es wäre unvermeidlich oder »spontan«) und setzt auf eine Art Konsens- oder Verhandlungsmoral. Wenn der Partner zustimmt (»ratifizierte Untreue«), brauche ich nicht heimlich fremdzugehen, denn der Partner kann das ja auch tun, wenn er möchte. Das ist Alt-68er-Konventionsmoral. Der Genießer ist offen für die sexuelle Freizeitgestaltung des »swinging« und einem »One-Night-Stand« nie abgeneigt (auch mit über 70 noch). In dieser Gruppe finden sich verstärkt die 68er-Männer, die ohne Viagra das Haus nicht verlassen, und Frauen, die mit jüngeren Männern zusammenleben.

Dieser Typ hat in der Regel schon mindestens vier Ehen hinter sich. Eine erste »Jugendehe«, die seine »wilden Jahre« nicht überstanden hat. Die zweite Ehe, die »Aufstiegsehe«, diente dem Aufbau der eigenen beruflichen Laufbahn und endete spätestens kurz vor der obersten Sprosse der Karriereleiter. Die dritte Ehe wurde mit dem Partner geschlossen, der zu der Karriere paßte. Mit der vierten Ehe schließlich kam der passende Partner für den »Ruhestand« an die Reihe, deutlich jünger und in jedem Falle besser geeignet für die neuen Lebensziele. Dazwischen dürfte sich durchaus noch der eine oder andere kleinere Fehlversuch finden.

Typ 2: Die Aufmüpfigen oder Renitenten

Dieser Typ bevorzugt serielle Beziehungen, also mehrere monogame Beziehungen, die aufeinander folgen. Dies ist ein Beziehungsmuster, das bei den 68er-Frauen etwas stärker ausgeprägt ist als bei den Männern. Der Grund liegt darin, daß Frauen im allgemeinen weniger Scheu haben, ihr Leben gleich völlig umzukrempeln, wenn ihnen in der Beziehung etwas grundlegend mißfällt. Männer, selbst die Renitenten, neigen hingegen eher zur Bequemlichkeit. Der Partnerwechsel wird bis ins hohe Alter betrieben und richtet sich nach den aktuellen Zielen des Renitenten (»Revolutionsziele«). So lernt man auf einschlägigen Veranstaltungen schnell mal jemanden kennen, der/die unwiderstehlich exakt die eigene Meinung vertritt. Der Typ des Aufmüpfigen strebt beständig nach einem erfüllten Sexualleben, weil ihm nur dies die nötige Energie dafür liefert, das Forever-Young-Syndrom zu nähren.

Sexualität darf dabei ruhig auch »alternativ« sein, das heißt: Man probiert auch mal eine gleichgeschlechtliche Variante aus. Hauptsache, Sex ist irgendwie spannend. Gesundheit und Fitneß im Alter bestimmen Frequenz und Ergebnis des Sexualverhaltens, daher ist es für diesen Typus wichtig, sich körperlich fit zu halten. Zu diesem Typus zählen auch diejenigen, die für Viagra auf Krankenschein auf die Straße gehen und auch sonst gerne auf stimmungsaufhellende und phantasieanregende Drogen zur Steigerung von schwächelnder Lust zurückgreifen würden.

Typ 3: Die Deprimierten

Diese 68er-Gruppe lehnt Sex im Alter rigoros ab. Für sie ist Viagra einfach zu teuer und, wer weiß, bestimmt ungesund. Es paßt nicht zum Kostenbewußtsein dieser Gruppe, für anstrengende und profane, zudem rein körperliche Eskapaden Geld auszugeben. Für die deprimierten 68er-Alten ist Sex pure Zeitverschwendung. Ein typischer Vertreter dieser Deprimierten ist Harems-Betreiber Rainer Langhans. Seinen fünf Frauen und dem staunenden Publikum erklärt er, wie seine physische Libido nunmehr in Sphären hoher priesterlicher Intellektualität und spiritueller Entwicklung aufgehe. Langhans könnte der Guru für alle Deprimierten werden, seine Argumente gegen die reine Sinnlichkeit im Alter sind in der Tat einmalig.

Typ 4: Die Traditionellen

Die Traditionellen stellen die große Masse der 68er-Alten. Sie stehen in der Mehrheit der Sexualität positiv gegenüber, solange es eben »noch funktioniert«.

Sollte es doch einmal schwierig werden, geht die Welt davon auch nicht unter. Unter den Traditionellen finden sich alle sexuellen Lebensstile: hauptsächlich die zufriedene Monogamie, aber auch devitalisierte Beziehungen (die Ehe besteht nur noch als Fassade oder Ruine), Formen von Parallelbeziehungen, serielle Beziehungen und viele Individuen, die noch oder wieder auf Partnersuche sind. Diese Gruppe unternimmt zumindest den Versuch, die Fahne der Ehe (»Bis der Tod euch scheidet«) hochzuhalten. Sie gehören nicht zur Elite der Altersrevolutionäre, sondern sind partielle Gelegenheitsmitläufer.

Romantik und Zärtlichkeit behalten ihren hohen Stellenwert auch im Alter. Dieser 68er-Typ profitiert von der sexuellen Altersrevolution, ohne sie selbst zu forcieren.

In wenigen Jahren wird Deutschland keine Diskriminierung der Alterssexualität mehr kennen, sie wird zum Normalfall, und geredet werden darf darüber an jedem Restauranttisch, in Filmen und Talk-Shows. Nach der ersten sexuellen Revolution der 60er Jahre folgt nun die zweite sexuelle Revolution, vorgetragen von der Generation, die bei diesem Thema schon einmal aktiv war. Der Sex im Alter ist dabei nicht neu, den gab es schon immer, neu hingegen ist die Tatsache, dass das Thema öffentlich dargestellt werden darf und die Alten offen darüber reden. Opa oder Oma können sich mit ihren Kindern oder Enkeln austauschen und am Familientisch offen darüber reden. Bei diesem Thema sind sich alle 68er einig, Tabus auf diesem Gebiet im Alter gehören abgeschafft.

Die hohe Kunst der Wahlverwandtschaften

Was haben der Alt-Kommunarde Rainer Langhans (Jahrgang 1940), die Star-Regisseure Dieter Wedel und Werner Herzog (beide Jahrgang 1942) und Fußball-Kaiser Franz Beckenbauer (Jahrgang 1945) gemeinsam? Sie alle lieben die Frauen, wenn auch jeweils nur auf Zeit und keinesfalls für ewig. Alles Politische ist privat, und alles Private ist zugleich politisch, hatte die 68er-Generation in ihrer Jugend festgestellt und einen Kreuzzug gegen die Institution der Ehe begonnen, gegen die traditionelle Familie, die lebenslange, monogame Gemeinschaft zwischen einem Mann und einer Frau, die mit ihren Kindern in einem Haushalt leben und der Mann Haupternährer und die Frau für die Hausarbeit und die Erziehung der Kinder zuständig war. Eltern, die ihre Kinder ein Leben lang begleiten und nach fünfzig Jahren gemeinsam mit ihnen Goldene Hochzeit feiern. Durch alternative Lebensformen hat die 68er-Generation dieses Familienideal zertrümmert und damit Geister entfesselt, die sie selbst im Alter noch heimsuchen.

Im Jahr 1957 veröffentlichte der Psychoanalytiker Erich Fromm sein Buch »Die Kunst des Liebens«.

Ihm liegt die Logik zugrunde, daß die Liebe eine einmalige Kunstform ist. Liebe ist für Fromm eine dauerhafte »Aktivität«. »Sie ist aber nicht nur ein Geben, ihr ›aktiver‹ Charakter zeigt sich auch darin, daß sie in allen Formen stets folgende Grundelemente enthält: Fürsorge, Verantwortungsgefühl, Achtung vor dem anderen und Erkenntnis.« Er behauptet ferner, daß die Liebesbeziehungen den gleichen ökonomischen Gesetzen gehorchen wie etwa der Waren- und Arbeitsmarkt. Unsere Kultur basiere auf Kauflust, so eine seiner Thesen, auf der Vorstellung eines für beide Seiten günstigen Austausches. »Was du mir gibst, das gebe ich dir«, laute die allgemeine Maxime sowohl für Waren als auch für Liebe. »Der moderne Mensch hat sich in eine Ware verwandelt«, warnte Fromm. »Er erlebt seine Lebenskraft als eine Investition, mit der er – entsprechend seiner Stellung und Position auf dem Persönlichkeitsmarkt – einen möglichst hohen Gewinn erzielen will.«

Erich Fromm hat mit diesen Sätzen die 68er-Welt elektrisiert. Er stürzte diese Generation in die Suche nach neuen Liebes- und Beziehungswelten, die sich indes außerhalb von Tausch- und Warengeschäften bewegen sollten. Sie führte dazu, daß die bürgerliche Ehe abgelehnt, durch Lebensgemeinschaften und Lebensabschnittspartnerschaften ersetzt und die Scheidung erstmals in der deutschen Geschichte enttabuisiert wurde, selbst auf dem Land. Mit der Liberalisierung der Scheidungsgesetze in den siebziger Jahren nahm die Pluralisierung der Lebensformen ihren Lauf, das gesellschaftliche Leitbild der traditionellen Familie verblaßte zusehends unter dem Druck alternativer Lebensformen.

Dieser Trend ist unumkehrbar, wie schon ein Blick in die Statistiken beweist. So stieg im Gebiet der früheren Bundesrepublik zwischen 1972 und 2000 die Gesamtzahl der Haushalte um 35 Prozent. Besonders dazu beigetragen hat die Zunahme der Ein-Personen-Haushalte um 85 Prozent von 6 auf 11,3 Millionen. Der Anteil der Ein-Personen-Haushalte an allen Haushalten hat sich von 26,2 auf 36,5 Prozent erhöht. Die Anzahl nichtehelicher Lebensgemeinschaften (einschließlich gleichgeschlechtlicher Lebensgemeinschaften) hat sich seit 1972 auf knapp 1,5 Millionen verzehnfacht. Fünf von sechs nichtehelichen Lebensgemeinschaften sind kinderlos. Die Zahl der Haushalte mit kinderlosen Ehepaaren ist um 46 Prozent gestiegen (wobei es sich teilweise um Ehepaare nach dem Auszug der Kinder handelt). Haushalte von Alleinerziehenden ohne Lebenspartner im Haushalt haben um 35 Prozent zugenommen.

Seit Anfang der 70er Jahre sinkt die Zahl der Eheschließungen, und die Zahl der Scheidungen steigt kontinuierlich, Zweit- und Drittehen sind zum Normalfall geworden. Heutzutage wird jede dritte Ehe geschieden. Aus der traditionellen Familie ist zunehmend die Patchwork-Familie geworden.

Patchwork: Das sind Familien wie Flickenteppiche, willkürlich verknüpft, nicht immer sauber vernäht und mit vielen Farbtupfern. Obwohl sehr viele Deutsche von einer Familie fürs ganze Leben träumen, haben heute schon 15 Prozent aller Familien eine Patchwork-Konstellation. Das ist sicherlich noch kein Massenphänomen, aber ihre Zahl steigt stetig. Nach Schätzungen des Deutschen Jugendinstituts München leben in Deutschland heute eine bis anderthalb Millionen Kinder in Patchwork-Familien.

Die Institutionen Ehe und Familie sind dadurch zusehends austauschbar und beliebig neu kombinierbar geworden. Freilich sollte man den Einfluß der 68er-Generation auf die Pluralisierung der Lebensformen auch nicht überschätzen; denn Industrialisierung und Urbanisierung, die Abnahme religiöser Bindungen, der steigende Lebensstandard, die Emanzipation der Frau und die höhere Lebenserwartung forcierten ebenfalls den sozialen Wandel. Die radikale Gesellschaftskritik der 68er hatte gleichwohl eine nicht zu unterschätzende Wirkung auf die Demontage des bürgerlichen Familienmusters. Sie erreichten durch die Ablehnung der klassischen Ehe, daß diese in einen Rechtfertigungszwang geriet und die traditionelle Familie ihren Monopolanspruch verlor. Sie wurde zunehmend ersetzt durch Verbindungen ohne Trauschein oder ohne Kinder, durch Alleinerziehende, Patchwork-Familien oder Partner desselben Geschlechts, Wochenendbeziehungen und Lebensabschnittsbeziehungen, Leben mit mehreren Haushalten oder in verschiedenen Städten. Die 68er wurden damit zu den Urhebern der Patchwork-Familien, die nach neuesten Statistiken wegen ihrer komplizierten Struktur zur Hälfte wieder geschieden werden.

Diese Veränderungen werden bis ins hohe Alter dieser Generation hineinwirken. Sie werden sogar ein wesentlicher Bestandteil der Altersrevolution. Immer mehr Ruheständler leben heute schon allein (und zwar nicht, wie früher üblich, weil der Partner gestorben ist) oder in einer nichtehelichen Gemeinschaft. Ein Wechsel zwischen den einzelnen Lebensformen (von der normalen Ehe zur wilden Ehe zum Single-Dasein und zurück), der noch vor Jahrzehnten undenkbar gewesen wäre, ist auch im Alter problemlos möglich. Patchwork-Familien und Mix-Beziehungen ohne Trauschein bestimmen den Lebensalltag der Gesellschaft, auch bei den Alten, immer mehr.

Die ergrauten 68er sind außergewöhnlich scheidungs- und trennungserfahren, sie kennen sich aus mit den von ihnen so genannten »Beziehungskisten«. Was früher das klassische Familienbild war, zerfällt bei ihnen in Abschnitte des Lebens, je nach abgelegter Beziehung. Diese Beziehungserfahrungen lassen sich im Alter nutzen. Die Altersehe und die nichteheliche Alters-Lebensgemeinschaft bekommen deshalb durch die neuen Alten Konjunktur wie noch nie. Wo Menschen früher an Beziehungen festgehalten haben, können Rentner heute ihr Leben revolutionieren: Junger Mann und alte Frau oder alter Mann und junge Frau, auch das Zeugen von Kindern ist im Alter, jenseits der 60, heute kein Problem mehr. »Warum zeugen die Rentner keine Kinder? Ich spreche von den Männern über 65«, fragte kürzlich der Journalist und Autor Harald Martenstein, »sie sind fit, sie brauchen eine Aufgabe. Wenn die alten Männer massenhaft Kinder zeugen, sind drei gesellschaftliche Probleme mit einem Schlag gelöst oder gemildert. Erstens gibt es mehr Kinder. Zweitens können die Frauen Beruf und Familie miteinander vereinbaren, weil zu Hause der alte Herr herumtüttelt, Breichen für sich und das Baby kocht und aus der Nibelungensage vorliest. Alte Männer sind die besseren Väter.« Und »drittens bekommen die alten Väter Kindergeld, denn ihre jungen Frauen haben das Kindergeld nicht nötig. Auf diese Weise sind die Senioren gegen Altersarmut gefeit.« Was Martenstein hier augenzwinkernd meint, könnte schon bald Realität werden. Ihre materielle und gesundheitliche Lage erlaubt den neuen Alten für die Lebensführung jedenfalls zahlreiche neue Optionen, das, was der Soziologe Leopold Rosenmayr »späte Freiheiten« nannte, die den Freiheiten ihrer Jugend sehr ähnlich sind.

Die 68er werden allerdings auch die ersten Alten sein, denen verwandtschaftliche Kontakte in unmittelbarer Nachbarschaft fehlen, wie sie bis vor gar nicht allzu langer Zeit üblich waren. Weil ihren Kindern Geschwister fehlen wie auch ihnen Schwägerinnen und Schwager und Neffen und Nichten, ist den neuen Alten die Selbstverständlichkeit verwandtschaftlicher Sozialkontakte abhanden gekommen – auf Hochzeiten, Taufen, Konfirmationen und Beerdigungen – und die Teilhabe am Leben der eigenen Nachkommen. Zugleich führen die vermehrten Scheidungen und Wiederverheiratungen zu verwandtschaftlichen Beziehungen, die weitaus vielfältiger und komplizierter sind als ehedem. Je mehr Scheidungen, desto unüberschaubarer wird das Beziehungsgeflecht. Ein Beispiel:

Die beiden Lehrer Eduard und Charlotte Mayer wohnen und heiraten 1972 in Köln, wo sie gemeinsam studiert haben, und bekommen drei Kinder. 1985 kommt es zur Scheidung, die Kinder leben weiterhin bei ihrer Mutter. Wenn man diese fünf Personen nun fragen würde, wer zu ihrer Familie zählt, würde die geschiedene Mutter ihre Kinder nennen, nicht jedoch ihren geschiedenen Mann Eduard, der jetzt in Berlin wohnt. Anders die Kinder: Sie würden ihre Mutter und ihren Vater nennen, wenn sie ihn denn regelmäßig sehen. Der Ex-Ehemann wird die Kinder nennen, nicht jedoch seine Ex-Ehefrau Charlotte. Eduard Mayer heiratet zum zweiten Mal 1990 in Berlin, eine 15 Jahre jüngere Journalistin, und bekommt in dieser Beziehung zwei Kinder, seine neue Partnerin hat bereits ein Kind. Charlotte Mayer heiratet ebenfalls zum zweiten

Mal, einen Immobilienmakler. Aus dieser Ehe gehen keine Kinder mehr hervor, ihr Partner bringt aber drei Kinder mit in die Ehe, sie leben weiter in Köln zusammen im Haus der Ursprungsfamilie. Die Frage, wer hier wen noch zur Familie zählt, sparen wir uns lieber.

»In diesen Patchwork-Konstellationen sind es nicht mehr die traditionellen Zurechnungsregeln (Abstammung und Heirat), die Verwandtschaft konstituieren. Entscheidend ist vielmehr, ob die sozialen Beziehungen, die daraus entstanden sind, auch in der Nach-Scheidungs-Situation fortgesetzt werden. Wo diese sozialen Beziehungen abgebrochen werden oder allmählich versickern, da ist es am Ende auch mit der Verwandtschaft vorbei«, sagt die Soziologin Elisabeth Beck-Gernsheim, »das Aufrechterhalten der Beziehung ist kein selbstverständlicher Akt mehr, sondern eine freiwillige Haltung. In der Nach-Scheidungs-Situation sortieren sich die Familienverhältnisse neu, den Gesetzen der Auswahl, der persönlichen Zuneigung folgend: Sie nehmen den Charakter von ›Wahlverwandtschaften‹ an. Sie bedürfen der dauerhaften Pflege.«

Stellen wir uns weiter den Fall vor, Eduard Mayer geht mit über 60 Jahren eine dritte Ehe ein und gründet ein neues Leben mit einer 30jährigen Frau, die auch noch einen ausgeprägten Kinderwunsch hat. Sollte sie sich mit diesem Anliegen durchsetzen, wird Weihnachten zu einer organisatorischen Herausforderung. Wohl die meisten Menschen wünschen sich ein Weihnachtsfest mit einer eigenen Familie. Was aber, wenn die Neue nicht mit den beiden Ex-Frauen klarkommt, die Kinder aus erster Ehe selbst schon Kinder haben oder in Scheidung leben und zum Fest der Familie anreisen möchten? Eine Zwangslage, der man dann vielleicht besser aus dem Weg geht, ausgerechnet am Fest der Liebe und des Friedens.

Prominente Beispiele komplizierter Patchwork-Verhältnisse gibt es jede Menge: Nehmen wir nur Dieter Wedel. Der Star-Regisseur hat sechs Kinder von fünf verschiedenen Frauen und lebt heute mit einer Lebensgefährtin und einer Freundin zusammen. Oder Franz Beckenbauer: Er kommt auf fünf Kinder, zwei geschiedene Ehen und hat im deutschen Fußballsommer 2006 seine langjährige Lebensgefährtin geheiratet. Oder Werner Herzog – er ist inzwischen zum dritten Mal verheiratet. Nie geheiratet hat hingegen Rainer Langhans: Dafür lebt der über 60jährige in einem »sozialen Experiment« gemeinsam mit fünf Frauen zusammen, die er seinen »Harem« nennt.

Der Verlauf ihres Lebens hat es so ergeben: Die 68er werden im Alter zu Kuratoren ihres Beziehungsgeflechtes, ihrer »Wahlverwandtschaften«. Je komplizierter die Patchwork-Verhältnisse, desto aufreibender wird ihr Leben sein. Nicht immer kann der Versuch der Familienfusion gelingen, dafür sind Strukturen von Mixfamilien zu komplex und die Mobilität der wechselnden Bezugspersonen zu hoch. Darin unterscheiden sich übrigens die 68er nicht von ihren Kindern, die bereits ähnliche Erfahrungen sammeln konnten. Auf diesem Terrain existieren vielmehr gemeinsame Erfahrungen von jung und alt – ein wichtiger Aspekt der Altersrevolution, denn die Kriegsgeneration, die Eltern der 68er, hatte kaum Erfahrungen mit Patchwork oder eheähnlichen Verhältnissen.

Die Familie als kleinstes Element der Gesellschaft zerfällt zwar nicht, aber ihre Formen und Zuschnitte ändern sich dramatisch. Die »Wahlverwandtschaften« werden im Alter neu getrennt und zusammengefügt, ähnlich wie bei den Fragen nach Religion und Lebenssinn. Dabei könnte es am Ende das einfachste sein, sich im Alter eine ganz neue Wahlfamilie, mit oder ohne Blutsbande, zusammenzustellen. Damit würden die 68er das klassische Modell »Großfamilie« (das, was die Wissenschaft »Ganzes Haus« nennt) wieder hoffähig machen – nur in einer gänzlich anderen Form und Definition.

Folgender Wortlaut einer Anzeige in einer Lokalzeitung könnte der Auftakt einer neuen WG unter 68er-Regie sein: »Suche Menschen jeden Alters oder junge Familien, die zusammen mit mir das Projekt ›Das ganze Haus‹ wagen möchten. Zusammen wohnen, arbeiten, erziehen, leben, kommunizieren und, und, und. Das Projekt soll unter den Prämissen ›Freiheit, gegenseitige Achtung und wechselseitige Unterstützung‹ stehen. Eine geeignete Immobilie in der Nähe von Hamburg wartet auf unsere kreative Umgestaltung. Kapital kann teilweise durch Eigenleistung ersetzt werden. Kontaktaufnahme bitte unter ...«

Im Internet werden Plattformen entstehen, die ältere und jüngere Familiensuchende zusammenbringen, Erfahrungsaustausch ermöglichen und zugleich neue Dienstleistungen anbieten, wie Finanzierung, Konfliktberatung, Vertragsgestaltung, Rechtsberatung und Gruppen-Coaching. Ein weiteres Modell wäre das der »Kinderlosen-WG«, dabei wird vertraglich vereinbart, daß man spätestens im siebten Schwangerschaftsmonat die WG zu verlassen hat. Diese Form der Großfamilie entspricht eher den Menschen, die sich im Alter nicht mehr an Kinder gewöhnen möchten, nachdem sie Babygeschrei, klebrige Fingerchen und Hausaufgabenbetreuung ihr Leben lang erfolgreich vermieden haben. Ihnen steht der Sinn mehr nach schick eingerichteten, barrierefreien Appartements, einem kleinen Pool und einem gepflegten Gemeinschaftsgarten, in dem man unter der Pergola bei schönem Wetter angeregte Unterhaltung unter Gleichgesinnten pflegen kann, etwa wie im amerikanischen Modell der »Sun City« in Arizona – sie zählt heute rund 40000 Einwohner und hat eine eigene, eigens auf Rentner zugeschnittene Infrastruktur vom Supermarkt bis zum Hospital.

Denkbar ist aber auch noch ein anderes Modell: die

Einsamkeit des alten Mannes oder der alten Frau mit einer neuen Familie zu vertreiben per Multikultipatchwork-Familie. Es funktioniert so: Man kauft sich in einem kleinen Dorf ein und wird dort durch bestimmte lokalpolitische Aktionen, künstlerische Aktivitäten oder einfach durch permanente Gegenwart im einzigen Gasthaus ein liebenswertes Mitglied der fremden Dorfgemeinschaft. Geeignete Flecken sind in Italien, Griechenland, Spanien und Südfrankreich zu finden. Dort ist durch die Abwanderung der Jugend in die urbanen Zentren viel Raum für Alt-68er. Das klassische Aussteigermodell bekommt so eine ganz neue Dimension. Derlei Multikultipatchwork-Familien würden sich auch in Berlin, Hamburg und München anbieten, denn auch dort finden sich alle Kulturkreise, um sich eine eigene, internationale Großfamilie zusammenzustellen.

Im Dickicht von Patchwork also verstecken sich die seltsamsten Konstellationen und die verwegensten Perspektiven. Würde sich Erich Fromm heute noch einmal ans Werk machen, es hieße wohl am Ende »Die hohe Kunst der Wahlverwandtschaften«.

Statt ins Altersheim auf den Mount Everest

»Das Leben beginnt mit einer Zelle und endet in einer solchen – bei Strolchen«, witzelte vor mehr als einem Vierteljahrhundert die Humoristen-Legende Heinz Erhardt. Der Mann war – auch und gerade aus heutiger Sicht – ein Visionär. Vorbei sind die Zeiten, da vornehmlich in ihrer Jugend straffällig Gewordene deutsche Haftanstalten bevölkerten, um spätestens in der Mitte ihres Lebens wieder in die Freiheit entlassen zu werden. Heute rücken immer öfter Rentner, einst Inbegriff von Gelassenheit und Rechtschaffenheit, in die Strafvollzugsanstalten ein. In den Jahren 2004 und 2005 sorgte eine Rentner-Gang für Schlagzeilen, die bei sechs Banküberfällen in Nordrhein-Westfalen, bewaffnet mit Pistolen, Vorschlaghammer und Handgranaten, rund 400 000 Euro erbeutete – die Missetäter waren zur Tatzeit 63, 72 und 74 Jahre alt. Der Ansturm der Alten auf die Anstalten ist inzwischen derart angewachsen, daß sich Bundesländer wie Niedersachsen erstmals genötigt sehen, über den Bau spezieller Senioren-Gefängnisse für ihre bereits zu Hunderten einsitzenden Delinquenten jenseits der 60 nachzudenken. Schließlich haben die Alt-Ganoven ganz andere

Bedürfnisse als die bisherige Klientel: Sie benötigen keine Lehrwerkstatt und keine Fitneß-Räume, sondern ganz eigene Angebote für Kopf und den gebrechlicher gewordenen Körper sowie rollstuhlgerechte Räume. Für sie gibt es Kochkurse statt eines Anti-Gewalt-Trainings, Lauftreffs gegen Übergewicht und schließlich statt eines Resozialisierungsprogramms die Sterbebegleitung. Kein Mensch hätte sich noch vor wenigen Jahren über derlei Dinge auch nur ansatzweise Gedanken gemacht. Doch der demographische Wandel, das neue Alter hat längst begonnen – mit bisweilen bizarr anmutenden Veränderungen. Und diese Veränderungen werden künftig noch rascher voranschreiten und noch tiefer greifen.

In den modernen Wissenschaften ist das Alter eine vielschichtige Kategorie. Sie unterscheidet das biologische vom sozialen Alter. Biologisch alt sind Menschen aus traditioneller Sicht für gewöhnlich dann, wenn sie älter als 60 Jahre sind und sich die ersten Gebrechen einstellen. In modernen Gesellschaften freilich ist man um so älter, je weniger wichtige berufliche und private Positionen und Rollen man innehat und je mehr man von anderen Menschen für alt gehalten wird. Das Alter wird aber nicht nur kulturell, sondern auch nach entsprechenden Bezugssystemen definiert. Als Fußballer oder als Model gilt man in den westlichen Ländern mit 30 Jahren bereits als »alt«. In China hingegen sind Politiker erst mit 90 alt. Dort werden wichtige Führungspositionen sogar erst im Alter verliehen – während die Eskimos wegen der Knappheit der Ressourcen bis in die jüngste Vergangenheit von ihren Alten erwarteten, daß sie, zusehends zu nutzlosen Essern geworden, sich zu guter Letzt selbst töteten. Wenn jemand in Grönland »alt« wurde, mußte er auf einer Eisscholle dem Tod entgegentreiben oder schlicht auf Nimmerwiedersehen in den Schneesturm hinausgehen. Von Indianerkulturen in Nord- und Südamerika wird berichtet, daß sich bei ihnen die Alten einfach zum Sterben niederlegten und still vor sich hin verhungerten und verdursteten im Dienste des Überlebens ihres Stammes. Eine Opferkultur der Alten, die auch hierzulande nicht abwegig war: Im niedersächsischen Wendland nahe einem Ort namens Jameln erinnert noch heute ein kleines Wäldchen mit Namen »Jammerholz« an diese Zeit. Dort wurden die zahnlos gewordenen Kostgänger der Legende nach schlichtweg per Totschlag »entsorgt«.

Moderne Industriegesellschaften hingegen fordern nicht mehr das Selbstopfer alter Menschen, da sie durch ihren Wohlstand die Ressourcen für die Senioren zusätzlich zu dem, was sie selbst benötigen, aufbringen können. Das Herbeiführen des Todes, wenn das Leben verbraucht ist, gibt es nicht mehr. Im Gegenteil: Heute werden die Menschen maschinell und pharmazeutisch geradezu am Sterben gehindert. Allerdings gibt es eine wachsende Zahl alter Menschen, die eine Patientenverfügung unterschreiben, wonach

Angehörige die Entscheidung zum Abschalten lebenserhaltender Geräte treffen können, und zwar in Situationen, da das Leben und damit das Leiden der Patienten unnötig verlängert würde.

Gesellschaftlich tendierten ältere Menschen in Deutschland bisher dazu, sich möglichst »unsichtbar« zu machen und alle Positionen ihres Lebens nach und nach aufzugeben – ob nun beruflich, als Familienoberhaupt, Vereinsvorsitzender, Elternsprecher oder Präsident des örtlichen Lions-Clubs. Sie begnügten sich bestenfalls mit der Rolle der Großmutter oder des Großvaters. Das heißt: Sie akzeptierten neben dem biologischen auch das entsprechende soziale Alter. In einer Gesellschaft, die großen Wert auf Jugend und Vitalität legt, neigten bisher ältere Menschen zum Rückzug in das Private, sie übernahmen höchstens noch auf eine gewisse Zeit ein oder zwei Ehrenämter.

Das freilich wird alsbald Vergangenheit sein. In den letzten Jahren hat sich eine Veränderung im Denken angebahnt, der politische Einfluß der Älteren – und damit ihre Macht – ist gestiegen. In Großbritannien und den USA zeichnen sich bereits erste Tendenzen zu einer »unfreundlichen Übernahme« des traditionellen Altersbegriffs durch die neuen Alten ab. Aktivistengruppen haben dort begonnen, gegen das Phänomen des »ageism« vorzugehen, indem sie versuchen, eine neue, andere Einstellung gegenüber dem Alter herbeizuführen. Unter »ageism« verstehen sie die Diskriminierung von Menschen aufgrund ihres Alters. Über die Alten bestehen demnach genauso diskriminierende Vorurteile wie beispielsweise gegenüber Schwarzen oder Homosexuellen. Diese neue Altenbewegung hält den bisherigen Altersbegriff für ein Mittel der Unterdrückung, das lediglich dazu diene, bestimmte Menschen in stereotype Rollen und Positionen zu drängen, damit die Nachkommenschaft die entscheidenden Positionen der Gesellschaft übernehmen könne. Und dem gelte es den Kampf anzusagen.

Was sich damit im Trend abzeichnet, ist eine neue soziale und offenbar auch internationale Bewegung, die die Konflikte innerhalb der Gesellschaft sichtbar macht. Nämlich den Konflikt zwischen jung und alt – den Generationenkonflikt. Schon die 68er-Bewegung war ein stetiger Mobilisierungsprozeß, der sich aus Unzufriedenheit und Unbehagen mit den gesellschaftlichen Zuständen speiste. So war es damals, so wird es – so steht zu vermuten – wieder sein. Die 68er, früher eine Jugendbewegung, werden nun zu einer Rentnerbewegung, mit dem Ziel, das Selbstverständnis und das Selbstbewußtsein der Alten zu revolutionieren und das Diskriminierungsinstrument »Alte« zu überwinden. Die ersten Schritte dazu sind gemacht. So scheiterte im Jahr 2005 nur knapp und am massiven Widerstand der Arbeitgeberverbände eine Initiative des Bundesjustizministeriums für ein Antidiskriminierungsgesetz zum Schutz der Alten. Aber im gleichen Jahr wurde auch die weitere Marschrichtung vorgegeben: »Das derzeit dominierende Bild des Alters in der Gesellschaft bedarf einer deutlichen Aufwertung«, heißt es etwa im 5. Altenbericht der Bundesregierung, »die notwendige gesellschaftspolitische Debatte und der eingeleitete Perspektivenwechsel für ein positives Leitbild des Alters« sei »zu befördern und zu unterstützen«.

Als sichtbarstes Instrument der Bevormundung und Unterdrückung von alten Menschen werden die 68er die Verwahr- und Versorgungsanstalten anprangern, die Altersheime und -Asyle, Essen auf Rädern, beschützende Abteilungen, Pflegeheime usw. Die neuen Alten werden derlei Institutionen zunehmend als Instrumente der Überwachung und Kontrolle empfinden und sich ihnen entziehen. Ein Zustand, den die 68er in ihrer Jugend als »repressive Toleranz« bezeichnet hätten, sozusagen als unterdrückendes Pseudo-Verständnis, mit dem die Jungen nur ihr eigentliches Ziel verschleierten: die Übernahme von Macht und wichtigen Positionen der Gesellschaft.

Das gemeinsame Lebensgefühl wird sie im dritten Abschnitt ihres Lebens vereinen – in einem Kampf um die Abschaffung des Alters und den Weg in eine wenn schon nicht klassen-, so doch alterslose Gesellschaft. Genährt wird dieser Kampf durch die Erinnerung an die Freiheit, ja Selbstbesessenheit ihrer Jugend, die die als defizitär empfundene gesellschaftliche Realität als eine Abweichung von ihren Idealen betrachten und gleichsam als einen Aufruf zum Widerstand gegen sie verstehen wird.

Seniorenheime, Altenbildung, Planung des Lebensabends, Rahmenpläne zur Altenpolitik, organisierte Sozialkontakte für Alte, Institutionalisierung der Altenkultur, Altenhilfe, Seniorenhilfsdienste, Altenversorgungseinrichtungen, soziale Hilfsdienste der Wohlfahrtsverbände und anderes mehr passen da längst nicht mehr ins Bild. Denn sie widersprechen dem Lebensgefühl der neuen Alten. Solche Organisationen und Institutionen werden von ihnen stattdessen als »Relikte« des vergangenen Jahrhunderts angesehen, als »reaktionäre Anmaßung«, als Gebilde totaler »gesellschaftlicher Fremdbestimmung« oder als primitive »Klientelisierungsinstrumente« gegen die Alten. Dabei haben sie diese Begriffe in ihrer aktiven Zeit überhaupt erst erfunden, damals eingesetzt als Wortwaffen gegen die Alten, um die Welt zu verbessern.

Hand aufs Herz: Können wir uns André Heller als Vorreiter für einen Ausbau von »Essen auf Rädern« vorstellen? Oder etwa Jürgen Flimm, Gerhard Schröder, Joschka Fischer? Wohl kaum. Jedwede Form von Abhängigkeit ist den 68ern ein Greuel, sie sind es gewöhnt, ihre eigenen Bedürfnisse zu befriedigen und dies auch noch als einen gesellschaftlichen Fortschritt für alle darzustellen. Sie haben gelernt, daß der Generationenkonflikt dabei sehr hilfreich sein kann. Dabei werden sie das würdevolle Alter wegwerfen wie ein Bündel Altpapier. Was aber werden sie konkret unternehmen?

– Die Diskussion um die körperliche wie geistige Leistungsfähigkeit des älteren Menschen wird sich die nächsten Jahren deutlich verstärken. Neue wissenschaftliche Untersuchungen von Forschern werden Argumente dafür finden, daß Zukunftsentscheidungen für Staat und Gesellschaft von Menschen 60plus weitaus besser getroffen werden können. So hat jüngst das Berliner Max-Planck-Institut mit einer Studie aufgewartet, wonach bei Alten Intelligenz und Gedächtnis spielend mit dem von Jungen mithalten, sie diese aber durch Fachwissen und soziale Kompetenz sogar übertreffen. Auch der Altersforscher Paul B. Baltes hatte mit dem von ihm entwickelten »System für Weisheit« für Aufsehen gesorgt. Dieses System setzt sich zusammen aus Faktenwissen in grundlegenden Fragen des Lebens, Strategiewissen, Wissen um Kontexte des gesellschaftlichen Wandels, Wissen um die Ungewißheit des Lebens und Wissen um die Relativität von Werten und Lebenszielen. Sein Ergebnis: Bei diesem Weisheitsexamen schnitten Alte durchweg und deutlich besser ab als Junge. Deshalb:

– Eine breite Wertediskussion wird angestrengt, um die Diskriminierung des Alters in der Gesellschaft und durch den Staat und seine Organe sowie im öffentlichen Bewußtsein zu konterkarieren und aufzuheben. Am Ende wird die Umkehrung des bisherigen Bildes stehen: Nicht mehr die Jugend ist der Motor des Fortschritts, sondern die Reife. Dazu noch einmal der 5. Altenbericht der Bundesregierung: »Weil der Anteil der Menschen im höheren Lebensalter steigt, der Anteil jüngerer Menschen hingegen rückläufig ist, werden es die Älteren sein, die die gesellschaftlichen und wirtschaftlichen Zukunftsaufgaben maßgeblich mitschultern müssen.«

– Die Themen der Generationengerechtigkeit in den Medien werden erheblich Raum einnehmen und andere wichtige gesellschaftspolitische Themen in den Hintergrund drängen. Die medialen Aufregungen aus dem Frühjahr 2006, als – angestoßen durch das Buch »Minimum« des Publizisten Frank Schirrmacher – das Bild einer vergreisenden Gesellschaft und einer schon zahlenmäßig völlig überforderten Heranwachsendengeneration entworfen wurde, oder die ZDF-Serie »2030 – Aufstand der Alten« Anfang 2007 waren lediglich das Vorspiel.

– 68er, die durch ihre bisherige Berufstätigkeit nicht so sehr im Rampenlicht der Öffentlichkeit standen, werden sich vermehrt zu Wort melden. Sie finden ihren Platz in Bürgerinitiativen und Aktivgruppen.

Schon jetzt finden Parteiveranstaltungen, in denen es um die Bündelung von Kräften Älterer und ihre Zukunftsperspektiven geht, regen Zulauf – vor wenigen Jahren hatten sie mangels Interesse noch regelmäßig abgesagt werden müssen. Diejenigen indes, die es beruflich oder politisch zu Einfluß gebracht haben, werden den Rückzug verweigern. Beispiel: Franz Müntefering. Pünktlich zum Erreichen des gesetzlichen Rentenalters von 65 Jahren ließ er sich vom Amt des Vorsitzenden der SPD-Bundestagsfraktion noch in das des Vizekanzlers befördern. Die Alphatiere der 68er-Generation geben ihre angestammten Reviere nicht kampflos auf. Max A. Höfer beklagt die »Beißhemmung« der jungen Generation: »Die Jungen haben zu viel autoritätsgläubigen Respekt vor dem selbst gewirkten Nimbus der alten Alphatiere, vor dem Mythos, sie hätten die Demokratie neu begründet und dem Land erst seine soziale Sensibilität geschenkt, sie trügen die Fackel der Freiheit voran und ähnlichen Mumpitz.«

– Sie werden sehr viel mehr Wert auf die Weitergabe ihres Wissens und ihrer Sicht der Dinge an die nachfolgenden Generationen legen. Vielleicht werden sogar Consulting-Ich-AGs der Alten aus dem Boden schießen. Das sichert nicht nur ein zusätzliches Einkommen, sondern auch maßgeblichen Einfluß und die eigene Unentbehrlichkeit. So schnell konnte das

Wahlvolk gar nicht schauen, wie sich die prominentesten Vertreter der 68er-Generation nach der verlorenen Bundestagswahl im September 2005 in ebensolche Gefilde begaben. So vernahm Joschka Fischer den Ruf der Universität Princeton, wo er mit der Erfahrung von sieben Jahren aktiver Außenpolitik über den Gang der Geschichte und der Weltenläufe dozieren sollte. Gerhard Schröder stieg gar zum Multi-Berater auf: für den schweizerischen Verleger Ringier, die deutsche Ruhrkohle AG, das Investmentbankhaus Rothschild sowie als Aufsichtsratschef der North European Gas Pipeline Company für Bau und Betrieb der neuen Ostsee-Pipeline, mit der ab 2010 der russische Energieriese Gazprom sibirisches Gas nach Deutschland befördert. Als geschmeidig im Wechsel des Rollenfachs erwies sich auch Rezzo Schlauch, vormaliger Staatssekretär im Bundeswirtschaftsministerium: Der Grüne, schon immer ganz Realo, berät nunmehr den Energiekonzern EnBW, einen ausgewiesenen Kernkraftwerksbetreiber.

– Verstärkt wird die Generation wiederum die Universitäten stürmen, auch wenn sie bereits jetzt jeden Vorlesungsbetrieb belasten. Derzeit studieren an deutschen Unis etwa 30000 Studenten jenseits der sechzig, und es werden mehr. Sie werden es (erneut und ohne Rücksicht auf die Bedürfnisse anderer) mit ihrem unstillbaren Verlangen nach Selbstverwirklichung begründen – wie auch in anderen Bereichen der jetzt schon im Übermaß vorhandenen Freizeit. Flugschüler im Rentneralter sind längst keine Ausnahme mehr – wen schert schon das nachlassende Reaktionsvermögen. Und den Altersrekord bei der Besteigung des Mount Everest hält ein 70jähriger, der drahtige Japaner Takao Arayama. Seine Bestmarke wird wohl kaum lange halten.

– Die Werbebranche wird den Markt der 60plus (den sie schmeichlerisch 50plus nennen) weiter ausbauen, was dazu führen wird, daß der Konsum im Alter nicht wie früher zurückgeht, sondern zunehmen wird. Ihre Altersgruppe ist inzwischen begehrt, ist sie doch die einzige, die zahlenmäßig wächst und obendrein überdurchschnittlich viel Geld und Zeit zur Verfügung hat. Besonders augenfällig wird dies bereits in der Tourismus-Branche. Wie die Forschungsgemeinschaft Urlaub und Reisen ermittelt hat, liegt die Reiselust bei über 60jährigen heute um 85 Prozent höher als noch im Jahr 1972, das der über 70jährigen sogar um 91 Prozent. Und das hat Konsequenzen: Der Reiseveranstalter Studiosus, in den 50er Jahren ursprünglich für Studenten gegründet, wird heute zu 80 Prozent von »Best-Agern« gebucht. Die meistbesuchten Ziele sind China, Südamerika und Südafrika, in Europa Italien, Spanien und Griechenland. Selbst an die verwegenen Ziele ihrer Jugend führen die organisierten Programme zurück: Nach Indien geht die Reise freilich nicht mehr per Rucksack, sondern mit allem Komfort: »mit Übernachtung in Maharadscha-Palästen« (Studiosus). Auch andere Veranstalter umwerben die Alten mit speziellen Angeboten: der Robinson-Club mit seiner »Generation Vital«, Alltours mit dem »Club Wintersonne« für Langzeiturlauber, und TUI mußte mit seinem »Club Elan« nach nur einem Jahr die Zahl seiner Standorte verdoppeln, so groß war die Nachfrage nach den zielgruppengenau konzipierten Pauschalreisen mit Wanderungen, Sprachkursen, Herz-Kreislauf-Training und Kino-Klassikern unter südlicher Sonne. Mit seiner »Generation 2. Aufbruch« hat der österreichische Tourismusexperte Hermann Paschinger selbst ein eigenes Gütesiegel für sogenannte »50plus-Hotels« in Deutschland, Österreich und Italien kreiert und etabliert. Bei ihm gibt es besondere Angebote für besondere Ansprüche: familiär geführte Hotels mit Einzelzimmern ohne Aufschlag, zum Frühstück frische Eier vom Bauernhof und besondere Unterhaltungsprogramme wie Nordic Walking, Trekking und Seminare wie »Neue Ziele finden«, »Jugendträume erfüllen« sowie Gourmet- und Weinworkshops. In Österreich hat sich überdies mit dem Zirbenland in der Steiermark die erste Urlaubsregion komplett den Alten verschrieben: Sie lockt mit dem Vermarktungslabel »Wohlfühlurlaub 50plus«. Selbst die Bahn will da nicht aufs Abstellgleis geraten und offeriert »EuroDomino«, ein

Sonderangebot für »Best-Ager« für Fahrten kreuz und quer durch Europa – das berühmte Interrail-Ticket aus der Jugend der Alten läßt da grüßen. Es sei halt »die 68er-Generation, die jetzt das Rentenalter erreicht«, schreibt die Autorin Annekatrin Looß, »die hat gelernt, ihre Rechte einzufordern. Wer in den 70ern nach Indien trampte, fährt heute nicht bloß Dampfer auf der Donau.« 60plus wird somit umworben und umschmeichelt und noch wichtiger.

Die 68er-Generation wird im Alter zu einem Konjunkturprogramm ersten Ranges, weil sie mit ihrem Konsumverhalten eine gewaltige Nachfrage auslösen werden und große Vermögen dazu einsetzen können.

Henning Scherf erwartet ähnliches: »Nach einer Studie der Dresdner Bank werden private Haushalte zwischen 2005 und 2010 rund eine Billion Euro an ihre Nachkommen vererben. Ein gigantischer Finanzfluss. Es wird zwar zukünftig Altersarmut geben, aber dass uns die Alten pauschal auf der Tasche liegen, müssen wir nicht befürchten.« Der Ex-Bürgermeister zielt hier auf die 68er-Generation ab, die niemandem auf der Tasche liegen wird. Im Gegenteil: Sie wird mit ihrem Konsum, ihrem Reiseverhalten und ihrer aktiven Teilhabe am Wirtschaftsgeschehen zur Belebung der Konjunktur beitragen. Noch nie in der Geschichte der Menschheit haben die Alten so zum wirtschaftlichen Gemeinwohl beigetragen wie das die 68er-Generation tun wird.

Die neue Lust auf die Stadt

Ob Bürgerschreck, Kommunarde, Hippie oder unpolitischer 68er: Sie alle haben längst gelernt, gut zu leben. Sie waren in den letzten Jahren die Leistungsträger und Leistungserbringer und gönnen sich heute im Alter, was ihrem Anspruch an Geschmack und Lifestyle genügt. »Mittlerweile sind sie das Rückgrat der Konsumgesellschaft, ohne dabei jedem Trend hinterherzulaufen, denn sie sind ja die Avantgardisten«, so die Kommunikationswissenschaftlerin Margot Berghaus.

70 Prozent der 68er-Generation hegen laut Berghaus in der Studie »Die 68er Generation: Zwischen Cola und Corega-Tabs« den Wunsch, künftig in der Stadt zu leben. Nur 30 Prozent träumen noch von einem Leben auf dem Land. Vorbei die Zeiten, da sie Alexander Mitscherlich folgten, der in seinen Streitschriften das Wohnen in der »Unwirtlichkeit unserer Städte« anprangerte. Die 68er starteten ihren Angriff auf Staat und Gesellschaft in Städten wie Berlin, Bremen, Tübingen, Göttingen und Hamburg und werden nun im Alter wieder dorthin zurückkehren. Vorbei auch die Zeiten alternativen oder ökologischen Woh-

nens, die neuen Alten wollen heute wieder richtig was erleben. Das geht am besten in der Stadt mit ihrem reichhaltigen Angebot an Kultur, Sport, Gastronomie, Bildung und Konsum. Besonders in der Großstadt entstehen moderne Wohnformen wie etwa Alters-WGs, in denen die Altmeister der Gesellschaftstransformation in den eigenen vier Wänden leben, sich gegenseitig unterhalten oder bei Bedarf professionellen Beistand erteilen können. Jahrzehntelang haben Stadtplaner, die von den 68ern über viele Jahre beeinflußt wurden, die Menschen in die Vororte verbannt. Nun steht die Stadt vor einer Renaissance. Ein tiefgreifender Gesellschaftsumbruch, der mit den 68er-Rentnern zu tun hat, verleiht den Wohnungsmärkten neue Dynamik. Flächendeckend müssen sich die Wohnungsunternehmer darauf einstellen, auf innerstädtischen Arealen an das Leben im Alter zu denken.

In Selbeck, einem südlich gelegenen Ortsteil der Stadt Mülheim an der Ruhr, entstand ein »Dorf« für Menschen, die im Alter gemeinsam wohnen möchten. Eingebettet in eine ländlich anmutende Umgebung und trotzdem nah bei einer Stadt, entstand ein revolutionäres Projekt für »Wohnen im Alter«. Insgesamt wohnen in diesem »Dorf« rund 600 alte und junge Menschen, die Einrichtung bietet ein integratives Wohnkonzept mit verschiedenen Lebensformen. Die Theodor-Fiedler-Stiftung wirbt für das Projekt: »Das ›Dorf‹ ist der gelungene Versuch, eine neue Qualität des Lebensstils, des Austauschs von Normalität zu verwirklichen. Es lebt vom bunten Durcheinander und gelebter Nachbarschaft. Man trifft sich im Bistro, auf Plätzen, zu gemeinsamen Feiern, in der Kirche und anderswo. Insgesamt sechs verschiedene namhafte Architekten haben mit ihren unterschiedlichen Handschriften dafür gesorgt, daß hier auch baulich keine Eintönigkeit entsteht.«

Das Projekt »Das Dorf« ist sicherlich kein typisches 68er-Projekt, und doch gibt es Anleihen für das zukünftige Leben dieser Generation. Das »68er-Dorf« wird dabei zu einem Zukunftsmodell. Anleihen für die Konzeption des Dorfes könnten die 68er beim »Freistaat Christiania« nehmen, der alternativen Wohnsiedlung in Kopenhagen. Dort wurde 1970 ein ehemaliges Militärgelände von Hippies umfunktioniert, um sich ein Leben nach eigenen Maßstäben und Spielregeln aufzubauen. Es existiert noch heute.

Die 68er-Genießer jedoch ziehen ganz andere Orte vor. Sie werden das kalte Deutschland verlassen und ihren Alterssitz fern der Heimat wählen. Man trifft die neuen Alten heute in Spanien, in Italien, in Südfrankreich, in Thailand, in Südafrika und neuerdings auch wieder in Indien. Bereits heute werden jährlich 1,3 Millionen Renten ins Ausland überwiesen – der deutschen Wirtschaft entgeht so eine Kaufkraft von rund zehn Milliarden Euro.

Die Berater der Enkel

Es erinnert an das bekannte Spielchen zwischen Hase und Igel. Wohin sich die mächtigsten Männer und Frauen Europas und der Welt zu ihren EU-, Weltwirtschafts- und sonstigen Gipfeln auch immer aufmachen: Sie sind schon da, um auf dem Podium einer Weltbühne den Bushs und Chiracs ein herzliches Un-Willkommen zu bereiten. Wie aus dem Nichts tauchten sie zur Jahrtausendwende auf, drängten sich in rasantem Tempo in die Schlagzeilen und sind inzwischen im öffentlichen Bewußtsein angekommen: die Globalisierungsgegner. Eine neue, weltweite Protestbewegung ist entstanden, deren prominenteste Plattform Attac ist. Vieles an ihr erinnert an 68: der beharrliche und konsequente Widerstand gegen das Etablierte, die massive Kritik an der bestehenden Wirtschaftsordnung und damit einhergehend die Forderung nach mehr Gerechtigkeit zwischen arm und reich, die zum Teil identischen Idole und Symbole (wie Che Guevara und das Pentagramm), der Internationalismus, Antiamerikanismus und -semitismus sowie schließlich die ausgeprägte Gewaltbereitschaft. Eigentlich müßte den Alt-68ern das Herz übergehen angesichts dieses neuen Revoluzzertums.

Denn kaum etwas in ihrem Leben war für die 68er enttäuschender als die Generation der eigenen Kinder. Angepaßt sei sie, konsumfixiert, karrierebewußt und oberflächlich. Also genau das, wogegen ihre Eltern auf die Straße gegangen waren. Dabei hatte man sie in Kinderläden gesteckt, ihnen eine antiautoritäre Erziehung angedeihen lassen, das Bildungssystem so reformiert, daß aufgrund reduzierter Leistungsansprüche fast der Hälfte eines jeden Jahrgangs die Türen der Universitäten offenstanden, und auf vielen Feldern der Politik die sogenannte »Nachhaltigkeit« eingeführt – das Entscheiden mit Blick auf die kommenden Generationen. Indes: Die Kinder der 68er interessierte das herzlich wenig. Sie nahmen die Vorzüge gern mit, der Rest wurde gelangweilt zur Kenntnis genommen. Was für eine mißratene Generation, diese »Generation Golf«. Nur einmal konnte sie ihre Eltern beeindrucken – als sie Ende der 90er Jahre den New-Economy-Boom auslöste. Man erklärte die bisherige Ökonomie für veraltet und organisierte virtuelle Unternehmen nach dem Vorbild von Bill Gates, um damit die Aktienmärkte anzuzapfen und zu beherrschen. Jeden Tag die Gründung neuer Firmen, jeden Tag neue Manager und Vorstandsvorsitzende, die nicht älter als 30 sein durften, um in den Banken überhaupt Kredite zu bekommen, jeden Tag neue Börsengänge mit immer höheren Renditen: Die Informations- und Dienstleistungswirtschaft boomte rauschhaft, und zwar weltweit. Wirtschaftsmagazine und Tageszeitungen waren voll von Erfolgsmeldungen und Geschichten über die »Neuen Märkte« und ihre Helden. Die Börse wurde zu ihrem Tempel und die »Newton-Bar« in Berlin zu ihrem Party-Palast beim Kurzstopp zwischen immer neuen Erfolgen. Zu den »Top-100-Unternehmern« zählten nur Menschen mit Gesichtern von Jünglingen. Das Ende ist bekannt: Die virtuellen Unternehmen und mit ihnen Milliarden von Euro gingen den Bach hinunter und damit auch der gelinde Stolz der 68er auf ihre Kinder, die »ökonomische Revolution« war gescheitert.

Ganz anders die Generation, die derzeit heranwächst. Sie ist weniger ökonomisch denn politisch interessiert – und umgeben von Krisen- und Katastrophenmeldungen. Der Bildungsnotstand ist – wie übrigens schon einmal Anfang der 60er Jahre – ausgerufen; die Wirtschaft befindet sich in der Krise, und mit drohender Arbeitslosigkeit geht in vielen Familien die Existenzangst um; die Politik startet Reform um Reform, verkündet, daß nichts mehr so bleiben könne wie bisher, und löst damit immer neue Unsicherheit und Ängste aus; der weltweite Terror hat nie geahnte Ausmaße erreicht, und der Krieg ist wieder zum probaten Mittel der Politik geworden. Die Geborgenheit, in der die »Generation Golf« in den 80er und 90er Jahren aufwuchs, ist Vergangenheit. Statt dessen befassen sich junge Leute heute schon vor dem Einstieg in das Berufsleben mit der Frage, ob sie je eine Rente erhalten werden. Ob sie je die Chance auf einen Ausbildungsplatz erhalten werden oder dieser in der Zwischenzeit nach Ostasien verlagert wird. All das erzeugt ein Klima des Mißtrauens: gegenüber den bestehenden Verhältnissen, der Zukunft und vor allem gegenüber der Politik, die es offenbar verabsäumt hat, oder unfähig war, auch die Interessen der nachwachsenden Generation im Blick zu behalten.

Wird dies eine Generation sein, die tatenlos zuschaut, wie sich die zahlenmäßig starke Generation der 68er wieder einmal ein ausschließlich an ihren eigenen Bedürfnissen ausgerichtetes Leben im Alter schafft? Und das womöglich erneut auf ihre Kosten?

Vieles an ihnen erinnert an die 68er. Sie, die Enkel, sind bei ihnen schließlich in die Schule gegangen. Wer sich heute das Selbstverständnis von Attac anschaut, darf sich daher nicht wundern. Dieses Sammelbecken, ursprünglich 1998 in Frankreich als eine Protestbewegung zur Einführung einer neuen Steuer auf Finanztransaktionen »zum Wohle der Bürger« entstanden, bezeichnet sich selbst als »Bewegung« – die 68er lassen grüßen. Ihr Zulauf ist enorm: Bis Ende 2005 verzeichnete sie allein in Deutschland nach eigenen Angaben mehr als 17 000 Mitglieder in 250 Attac-Gruppen vor Ort, weltweit sollen es 90 000 Mitglieder in 50 Ländern sein. Obwohl Attac von sich selbst sagt, »keine verbindliche theoretische, weltanschauliche, religiöse oder ideologische Basis« zu haben (»Vielfalt ist eine

Stärke«), so schlägt das Herz doch eindeutig links. Unter den Mitgliedsorganisationen finden sich beispielsweise der Bundesverband der Jusos und der Grünen Jugend, die Christen für den Sozialismus, der Dachverband kritischer Aktionärinnen und Aktionäre, der Bundesverband der Gewerkschaft Erziehung und Wissenschaft, die Vereinigung »Linksruck«, das »Netzwerk für eine kämpferische und demokratische ver.di«, das »Netzwerk gegen Konzernherrschaft und neoliberale Politik«, die Sozialistische Jugend, die Stiftung Umverteilen, diverse Sozialistische Alternativen und die Münchner DKP. Umrahmt werden sie von allerlei Gruppen aus den Anti-Atom-, Öko-, Friedens- und Eine-Welt-Bewegungen der 70er und 80er Jahre, wie Arbeitskreis Solidarische Welt, Frauen wagen Frieden, Pro Asyl und die Alternative Liste Hannover.

Wie schon bei der Studentenbewegung der 60er Jahre ergibt sich daraus zunächst einmal lediglich eine etwas diffuse Masse – aber eine mit Schlagkraft und Öffentlichkeitswirkung. Binnen sehr kurzer Zeit ist es Attac gelungen, durch medienwirksame Demonstrationen, die häufig von gewalttätigen Ausschreitungen begleitet waren, auf sich aufmerksam zu machen – wie weiland die 68er. Plakativ konnten sie, und das ist die nächste Parallele, ihre Forderungen und Ziele über Zeitschriften und Zeitungen, Radio, Fernsehen und Internet erfolgreich absetzen und damit ins öffentliche Bewußtsein dringen. Inzwischen gehören ihre

Vertreter zum Stammpersonal in den Talkshows des Fernsehens.

Und so wie sich die Mittel ähneln, ähnelt sich auch das Fundament. Es ist die Kapitalismus-Kritik, die wieder »in« geworden ist. In einer Zeit des wirtschaftlichen Niedergangs, da – so das öffentliche Bild – Konzernmanager den »Shareholder Value«, den Wertzuwachs für Aktionäre, als vorrangiges Ziel predigen, Arbeitsplätze in Billiglohnländer verschieben, Bilanzen fälschen und millionenschwere Abfindungen kassieren, formulieren sie einen latenten Unmut: Die Wirtschaft sei nur noch profitorientiert und damit endgültig menschenfeindlich geworden. Schuld an allem sei die Globalisierung, die Macht der internationalen Finanzmärkte, der Kapitalismus, den sie »Raubtierkapitalismus« und »Kasinokapitalismus« nennen. Ihre Großväter hatten noch von »Ausbeutung« gesprochen. Und wie bei ihren Vorvätern damals gibt es natürlich auch einen teils unterschwelligen, teils offen ausgetragenen Streit: Wieviel Abschaffung des Kapitalismus darf's denn sein? Soll er lediglich reformiert und auf der Grundlage eines wieder weiter um sich greifenden Sozialstaates verändert werden? Oder soll tiefer eingegriffen werden? Oder der Kapitalismus überhaupt abgeschafft werden?

Es gibt also eine erstaunliche Einigkeit über zwei Generationen hinweg. Nur mit dem einen und großen Unterschied, daß die eine Generation dagegen auf die

Straße geht, was die andere im wesentlichen mitgestaltet und zu verantworten hat. Die neue Protestgeneration kann jedoch auf die reichhaltigen Erfahrungen ihrer Großväter zurückgreifen. Sie kennt ihre Rituale, und sie kennt ihre Schwächen. Und sie hat begriffen, daß keine noch so lange Lichterkette auch nur annähernd so viel einbringt wie ein einziger Auftritt bei »Sabine Christiansen«.

Jedoch: Unter sich sind sie längst nicht mehr. So haben sich zahlreiche Alt-68er den Reihen der Globalisierungsgegner angeschlossen und wieder mit an die Spitze der Bewegung gesetzt. Und auch eine andere Strategie ist bereits vollzogen: neben der Unterwanderung die Umarmung. Deshalb wurden zu rot-grünen Regierungszeiten Aktivitäten der Globalisierungsgegner großzügig aus Steuergeldern subventioniert. »Es ist dieser Generation gelungen, sich den Generationskonflikt mit den Nachwachsenden zu ersparen«, behauptet der Journalist und Autor Jürgen Leinemann – und sie ist weiter kräftig dabei, als Aktivisten, als Berater und als Finanziers.

Von »Gott ist tot!« zur Best-of-Religion

Die Welt ist eine Theaterbühne, und als solche sah sie schon William Shakespeare. Und seine Erkenntnis ist allgemeingültig: »All the world is a stage and all men and women are merely players«, so heißt es in seiner Komödie »Wie es euch gefällt«: »Die Welt ist eine Bühne, und jeder Mann und jede Frau sind nur Spieler auf derselben, mit Auftritt und Abgang zu ihrer Zeit.« Die Frage nach dem Abgang plagte die 68er-Generation schon in jungen Jahren und wurde von ihnen ehedem mit der schlichten Formel Friedrich Nietzsches beantwortet: »Gott ist tot!« Aber ist dies wirklich die richtige Antwort für das Alter? Wohl kaum.

Im Jahr 1968 waren die schwarzen Bretter der Wohngemeinschaften und Universitäten übervoll von Postern und Handzetteln für Yogakurse, Meditationsgruppen und Vorträge von Gurus. New-Age-Techniken im Dienste der Persönlichkeitsentfaltung und Sinngebung boomten wie auch Yoga-Kurse und Gestalttherapien. Modern Dance, Tai-Chi, Meditation und andere transzendentale Übungen hießen die Pfade hin zu sich selbst, der Weg wurde zum Ziel. Die Abzweigung zu Gott ließen sie dabei links liegen. Ihr Buch der Bücher war nicht die Bibel, sondern Hermann Hesses »Siddharta«, das Kultbuch um einen fernöstlichen Jesus-Verschnitt, der es vom Sohn aus gutem Hause über den Umweg des Hurentempels zum Heiligen brachte. Siddharta – das war der geläuterte Gutmensch und zugleich das Best-of aus allen Weltreligionen, nur ohne deren historische Verwerfungen (wie Inquisition oder Hexenverbrennung) und somit ohne Ballast. Die gelebte Nächstenliebe mit der Verheißung auf Wiedergeburt.

Menschen im Alter stellen sich zwangsläufig die Daseinsfrage. Ein Thema rückt dabei zentral ins Bewußtsein: Was kommt nach dem Tod? »Die Vorstellung vom Aufhören des Daseins«, stellt die Autorin, Orientalistin und Anarchistin Alexandra David-Neel fest, »ist peinlich und einfach unerträglich für jedes Individuum. Mit allen seinen Kräften ist es bestrebt, lange, endlos, ewig fortzudauern.«

Die 68er hatten die Angebote der christlichen Religionen zu dieser Frage schon in ihrer Jugend rundweg ausgeschlagen. Katholische wie evangelische Kirche waren für sie diskreditiert; hatten doch Geistliche beider Konfessionen sogar die Kanonen gesegnet, mit denen ihre Väter in einen verbrecherischen Krieg gezogen waren. Katechistische Ge- und Verbote betrachteten sie als Anmaßung und Gängelei, Kirche überhaupt als überkommenes Herrschaftsinstrument. »Religion bedeutete für mich in erster Linie Einschränkung. ›Du sollst! Du mußt! Du darfst nicht!‹ Ich wollte leben! Ich wollte mir nicht vorschreiben lassen, was ich zu tun und zu lassen habe. Ich war nur mir selbst und meinem eigenen Gewissen verantwortlich. Ich duldete keine Autoritäten über mir, schon gar keinen Gott«, beschreibt der getaufte Katholik und heutige Freikirchler Johannes Fenn den Geist dieser Tage, »im Gefolge der kritischen 68er-Studentengeneration wußte ich, Religion ist ›Opium für das Volk‹, etwas für die wenig Selbstbewußten, die Lenkung und Hilfe in ihrem Leben brauchten, die nicht selbst wissen, was gut für sie ist. Das konnte ich akzeptieren und tolerieren. Aber für mich? Nein Danke!« Möglicherweise sei Gott »ja nur ein Ergebnis der Suche des Menschen nach dem Sinn des Lebens, eine Erfindung des menschlichen Geistes, ein Hirngespinst«.

Zudem standen ihre geistigen Väter, die Chefideologen der 60er Jahre wie Horkheimer, Adorno und Habermas, Gott absolut kritisch gegenüber. Für Max Horkheimer war klar, daß Gott durch die tatsächliche Geschichte, durch die Erkenntnisse der Naturwissenschaften wie den Darwinismus sowie durch den Marxismus widerlegt worden sei. Für ihn war das Christentum eine Lüge. Nicht Gott, sondern der Mensch sei das höchste Wesen. Theodor W. Adorno, als Jude geboren, blieb standhaft Atheist, und für Jürgen Habermas war Gott eine falsche Hypothese, historisch überholt und wissenschaftlich widerlegt, zudem das

Zeitalter der Hochreligionen vorbei. Besonders scharf ging er mit dem Christentum ins Gericht: Es sei kein anerkanntes Weltinterpretationssystem mehr, die neue wissenschaftliche Weltanschauung – die Evolutionstheorie – habe dem Christentum und seiner göttlichen Schöpfungslehre den Rang abgelaufen. Die wissenschaftliche Aufklärung habe mithin die religiöse Welt insgesamt entzaubert und jede religiös begründete Ethik wie Lehmklumpen zwischen den Fingern zerrieben. Die Moderne, das war für Habermas die Epoche des Massenatheismus, zumal sich die katholische Kirche in mehrere Konfessionen und in eine Unzahl von Untergruppierungen zersplittert habe. Kurzum: Alle moderne Theologie sei lediglich ein Schrumpfungsprozeß, an dessen Ende die Auflösung stehe. Der atheistische Philosoph Jean-Paul Sartre hingegen beantwortete die Frage nach Gott sinngemäß wie folgt: Wenn er nicht existiert, dann ist die Geschichte eines jeden Menschen eine Geschichte des Scheiterns, dann ist menschliches Leben absurd, dann bliebe nur die Verzweiflung, die nackte Angst, der Strick.

Diese Generation identifizierte sich mit den Thesen ihrer Meister, für sie war folgerichtig: »Ein existenzialistischer oder sozialistischer Mensch ist so strukturiert, daß er diese Frage nicht mehr stellt. Mit der Abschaffung von Gott müssen wir neu darüber nachdenken, wie man im nach-metaphysischen Zeitalter (ohne Gott) atheistisch-religiös leben kann, denn Gott ist nur eine Projektion von leidenden Menschen, die sich der Realität entziehen wollen.« An die Stelle des Glaubens setzten sie die Suche. Sie suchten im Buddhismus und Hinduismus, im Judentum und bei Naturreligionen und auch im Christentum, hatten sie doch durchaus gewisse Sympathien für das Neue Testament, insbesondere für die Bergpredigt, weil sie für das Gute, die Nächstenliebe, das Soziale und die Gleichheit der Menschen stand. Sie suchten bei Yogis, Lamas und Gurus. Sie suchten bei Philosophien aus allen Kontinenten. Sie suchten bei den Verkündern der noch jungen New-Age-Bewegung, die ein neues Zeitalter (»Das Zeitalter des Wassermanns«) heraufziehen sahen durch neue kosmische Konstellationen und einen Bewußtseinswandel der Menschen, und bei anderen Esoterikern, die »Autorität der Natur« und »Ganzheitlichkeit« predigten. Aus all dem schufen die 68er einen Mix, den der Philosoph Christoph Türcke »moderne Wunschbilder« nennt. »Sie versprechen sichere Seelenführung, wenn man sie nur gewähren läßt, geben religiösen Sinn, ohne auf eine bestimmte Religion zu verpflichten, bieten eine in sich gerundete Weltanschauung, ohne sich metaphysisch festzulegen. Ganzheitlichkeit ist genauso wie Spiritualität oder biologistisches Denken mit jedem beliebigen Inhalt füllbar. Das Ziel ist es, ›einen Sinn überhaupt – welchen Inhalts auch immer‹ zu stiften, den ›der moderne Mensch braucht, um es in der pluralistischen, auf keinen vernünftigen Endzweck ausgerichteten Gesellschaft auszuhalten‹. ›Ein solches Überhaupt leistet, was keine starre Konfession vermag: Es erhält ebenso stabil wie flexibel, ebenso selbstständig wie autoritär fixierbar‹«, so Christoph Türcke.

Der Psychoanalytiker, Philosoph und Sozialpsychologe Erich Fromm schließlich brachte diesen Mix mit seinen Büchern »Die Kunst des Liebens« und »Haben oder Sein« auf den Punkt. Er wurde damit neben Freud, Hesse, Ernst Bloch und Henry Miller (»Sexus«) zum Kultautor der 68er. »Die Welt ist nur noch da zur Befriedigung unseres Appetits, sie ist ein riesiger Apfel, eine riesige Flasche, eine riesige Brust, und wir sind die Säuglinge, die ewig auf etwas warten, ewig auf etwas hoffen und ewig enttäuscht werden«, beklagte Fromm und rief zur Abkehr von einem selbstsüchtigen Materialismus auf. Nicht das Haben durch Profit, Geld, Ruhm und Macht sei der Sinn des Daseins, sondern das Sein durch einen humanistischen Geist und Leben im Einklang mit sich selbst und der Welt.

Die Abkehr von den traditionellen Kirchen erreichte nie gekannte Ausmaße. Während in den 60er Jahren Kirchenaustritte praktisch unbekannt waren, trat unmittelbar nach 1968 eine regelrechte Ausrittswelle ein. Zwischen 1970 und 1989 verließen jährlich zwischen 160000 und 310000 Männer und Frauen die evangelische und die katholische Kirche, die höchsten Zahlen wurden in den Jahren 1970 und 1974 erreicht. Bemerkenswert ist dabei, daß die Zahl der Protestanten, die sich von ihrer Kirche abwandten, jeweils stets doppelt so hoch war wie die diejenige der Katholiken, obwohl der Bevölkerungsanteil beider Konfessionen in etwa gleich ist. Allein die in West-Berlin ansässige evangelische Landeskirche Berlin-Brandenburg verlor in den Jahren 1970 bis 1978 323 000 Mitglieder. Wie dramatisch die Abkehr von den Kirchen war, bezeugt auch folgende Zahl: In West-Berlin wurden 1978 12 789 Ehen geschlossen; gerade einmal 1634 Brautpaare davon verirrten sich nach dem Standesamt noch vor den Traualtar.

Es war ein »Prozeß der Entchristlichung«, der da in Gang gekommen war, wie Peter Gerdsen, Informatiker und Buchautor, feststellt. Ein Prozeß, »der besonders durch die 68er-Bewegung erheblich beschleunigt wurde«. Nach seiner Beobachtung war zunächst aufklärerisches Denken Bestandteil dieser Bewegung: Glaube sollte durch wissenschaftliche Erkenntnis ersetzt werden. Dann aber sei dieses aufklärerische Element des Zeitgeistes zusehends »zur Ideologie erstarrt; die Bausteine des Zeitgeistes nahmen zunehmend den Charakter von Glaubensüberzeugungen an, die sich einer rationalen Begründung entziehen«. Theologisch geschult, zeichnet er das Bild dieser 68er-Ersatzreligion anhand der christlichen Sakramente nach – in diesem Fall als »Anti-Sakramente«. Demnach sind nach Gerdsen die sieben Grundbausteine der Best-of-Religion:

1. Das »Anti-Sakrament des Leibes«: Die Kultstätten dieses Anti-Sakramentes seien die Olympischen Spiele und die Fitneß-Center als Zentren der Leibesertüchtigung und des Körperkultes. Jogging und Training bis an die Grenze der physischen Leistungsfähigkeit, verbunden mit einem ständigen Hinausschieben dieser Grenze sind die kultischen Handlungen. (Das »Anti-Sakrament des Leibes« ist für Gerdsen das Gegenstück zum christlichen Sakrament der Taufe)

2. »Das Anti-Sakrament der Jugend«: Die Kultstätten seien die Schönheitssalons, die Sonnenstudios und die Institute der Schönheitschirurgie. Die Verwalter arbeiteten an der Verwirklichung ewiger Jugend. (Gegenstück zum Sakrament der Konfirmation/Kommunion)

3. Das »Anti-Sakrament der Psychoanalyse«: Kultstätten seien die Praxen der Psychoanalytiker und Psychologen, die als Sakramentsverwalter ihren Klienten aus der Auffassung des Menschen als einer sexualtriebgesteuerten biologischen Maschine Segen und Trost spenden. (Gegenstück zum Sakrament der Beichte)

4. Das »Anti-Sakrament der Ich-Losigkeit«: Die Kultstätten seien die Massenveranstaltungen der Rock- und Popstars. Auf diesen Veranstaltungen mit ihrem ekstatischen Charakter lösten sich die persönliche Seele und das persönliche Ich der einzelnen Personen auf, wobei das entstehende Vakuum durch eine Gruppenseele ausgefüllt werde. Diese Gruppenseele mit der

damit verbundenen Gemeinschaft werde rauschhaft erlebt. (Gegenstück zum Sakrament des Abendmahls)

5. Das »Anti-Sakrament der Bindungslosigkeit«: Kultstätten seien die Wohnungen und Wohngemeinschaften der Singles beiderlei Geschlechtes, wo sich diese zu gelegentlicher sexueller Gemeinsamkeit und zeitweiliger, zu nichts verpflichtender Lebenspartnerschaft zusammenfänden. (Gegenstück zum Sakrament der Trauung)

6. Das »Anti-Sakrament der Wissenschaft«: Kultstätten seien die Universitäten und Hochschulen, Sakramentsverwalter die Professoren, Kulte die Diplomierung, Promotion und Habilitation. Die Hohepriester seien die Professoren der Medizin, Soziologie, Politologie und Psychologie. (Gegenstück zum Sakrament der Priesterweihe)

7. Das »Anti-Sakrament des Lebens«: Kultstätten seien die Institute der Reproduktions- und Transplantationsmedizin, Verwalter die Professoren dieser Medizin, die die Entstehung des Menschen und die Aufrechterhaltung seines Lebens begleiten und überwachen. Organtransplantationen und Insemination genmanipulierter Zellen sowie die Klonierung von Menschen seien die heiligen Kulte. (Gegenstück zum Sterbesakrament).

Hat Gerdsen recht, hat die 68er-Bewegung so bereits ihre eigene Spiritualität oder Ersatz-Religion erschaffen. Sie sind nicht mehr nur Schöpfung, sie sind zu Schöpfern eines jeweils neuen, individuellen Gottes geworden. Und: Sie haben es somit geschafft, daß diese Religion nicht auf ihre Alterskohorte beschränkt bleibt, sondern auf nachfolgende Altersgruppen übergriff und zu einem Mainstream wurde. Wurde esoterisches Denken in Kombination mit religiösem Gedankengut anfangs nur von einzelnen Gruppierungen – etwa den Aussteigern der 70er und frühen 80er Jahre – getragen, drang es nach und nach in alle gesellschaftlichen Bereiche vor: in Politik und Wissenschaft, in die Ökologiebewegung und ins Management. Und es breitet sich immer weiter aus: Der Markt an entsprechenden Büchern, Zeitschriften, Seminaren, Therapien, Erweckungsveranstaltungen und Reisen boomt. Untersuchungen bezeugen, daß vor allem die 68er-Generation ihre Abnehmer sind, und für viele ist sie auch zur Einkommensquelle geworden. Eine ähnliche Entwicklung ist zudem bei buddhistischen Erzeugnissen zu beobachten sowie bei mehr oder weniger intelligenten Kombinationsmodellen aus Esoterik und Buddhismus. Besonders en vogue ist der Hang zu Esoterik und anderen Sinnstiftungen vor allem bei den Grünen, alternativen Geistern in den Wissenschaften und konservativen Linken. Die 68er glaubten an die Möglichkeit von menschenwürdigem Leben selbst innerhalb des Kapitalismus, wenn »das nur alle wollen«. Und sie glaubten an die Durchsetzbarkeit von »Gerechtigkeit per Gesetz«. Sie meinten, menschenwürdige Verhältnisse wären eine Frage des Bewußtseins der Menschen. Da Glaubensinhalte leicht gewechselt werden können, verwundert es nicht, wenn ehemalige 68er heute der Marktwirtschaft huldigen oder zur Esoterik »konvertiert« sind. Ein Glaubensinhalt wurde einfach durch einen anderen ersetzt.

Welches Ausmaß und welche Bedeutung Esoterik und Glaubensmix inzwischen haben, beweisen einschlägige Zahlen. Die Gesellschaft für Konsumforschung untersuchte 1999 den esoterischen Buchmarkt und stellte dabei erstaunliche Zuwachsraten von jährlich weit mehr als 20 Prozent fest. Schon 1998 durchbrach der Gesamtumsatz mit diesen Titeln die Schallmauer von 100 Millionen Mark. In vielen Buchhandlungen in Deutschland übertreffen die Umsätze mit spirituellen Büchern den anderer Sachbücher um Längen – im Jahr 2003 war es bereits jedes fünfte Buch dieser Art, das über die Ladentheke ging.

Der Sozialforscher Edgar Piel vom Institut für Demoskopie Allensbach fand heraus, daß sich 17 Prozent aller Bundesbürger für fernöstliche Religionen und 19 Prozent für Astrologie und Horoskope interessieren. Auch der Glaube an Engel hat Konjunktur, fünf Prozent der Bevölkerung wollen bereits Engel oder Ufos in Deutschland gesichtet haben. Feng-Shui, die chinesische Kunst der harmonischen Lebens- und Wohnraumgestaltung, ist im Vormarsch, und naturheilkundliche Verfahren zur Beeinflussung von seelischen und geistigen Zuständen wie die Bachblütentherapie und Reiki, die japanische Heilkunst per Handauflegen, expandieren wie nie zuvor. Nutzer und Anwender sind vor allem Menschen um die 60 Jahre.

Was den einen das Himmelreich, ist den anderen hingegen blanke Scharlatanerie. Der 68er-Vordenker Theodor W. Adorno würde sich wohl im Grabe umdrehen angesichts des heutigen Umgangs mit den Glaubensfragen der von ihm theoretisch beeinflußten Generation. Seine Thesen gegen solcherlei »Okkultismus«, die er 1946 noch im amerikanischen Exil niederschrieb, waren vernichtend: »Die Neigung zum Okkultismus ist ein Symptom der Rückbildung des Bewußtseins. Wenn die objektive Realität den Lebendigen taub erscheint wie nie zuvor, so suchen sie ihr mit Abrakadabra Sinn zu entlocken. Wahllos wird er dem nächsten Schlechten zugemutet: die Vernünftigkeit des Wirklichen, mit der es nicht recht mehr stimmt, durch hüpfende Tische und die Strahlen von Erdhaufen ersetzt. Okkultismus ist die Metaphysik der dummen Kerle. Der faule Zauber ist nicht anders als die faule Existenz, die er bestrahlt.«

Zu den »dummen Kerlen« würde Adorno wohl heute die Esoteriker und Patchwork-Religiösen zählen, die Menschen also, die Tarot-Kartenlegerei, Tantra-Mystik, Per-aspera-ad-astra-Astrologie, Amulettexpertentum, lebende Handorakelei, Steinheilerei, Telekinese, Geisterseherei, Ufologie, Satanismus, Schamanismus, Wahrsagerei, Astrologie, Reinkarnationsdiagnostik, Seelenwanderung, Pendelschwingen, Alchemie, Mondsucht, Extremtibetanismus oder gemeinschaftliches, selbstreinigendes Urintrinken zu ihren persönlichen Ritualen zählen.

Was freilich bedeutet dies für die nahe Zukunft? Früher zählten vor allem alte Menschen zu den regelmäßigen Besuchern der Gottesdienste in unseren Kirchen. Auf die neuen Alten wird das nicht zutreffen. Während im »gottverlassenen« Deutschland katholische und evangelische Gemeinden das Hohelied der Ökumene singen werden, um sonntags wenigstens noch eine Kirche leidlich zu füllen, buchen plötzlich immer mehr Menschen Wochenendkurse und Reisen, die mit dem Versprechen locken, Körper, Geist und Seele in Einklang zu bringen und über die Endlichkeit zu retten. Der Esoterikbegriff wird nicht mehr als Aberglaube abgetan, sondern noch stärker zum allgemeinen Mainstream. Die Meditation wird zum guten Ton gehören, um die eigene mentale wie körperliche Leistungskraft im Alter optimieren zu können, und es wird allmorgendlich Tai-Chi betrieben, um den Alltag besser meistern zu können. Mehr und mehr Alte bevorzugen die klösterliche Meditation (aber nicht das Abendmahl!), um den Anfeindungen des digitalisierten Zeitalters besser widerstehen zu können. Viele

Rentner werden Kraftschöpfungsseminare, Feng-Shui-Beratungen und schamanische Trommelkurse aufsuchen, um ihr »Selbst« zu finden und zu stabilisieren. Das Interesse an Grenzwissenschaften und New Age wird weiter steigen, ebenso die Nachfrage nach Spiritualität und ganzheitlichen Behandlungsmethoden. Hamlets Satz, »es gibt mehr zwischen Himmel und Erde, als sich eure Schulweisheit träumen läßt«, wird zum Leitmotto dieser Generation. CDs und DVDs mit buddhistischen Klängen, integrierten Wald- und Flußgeräuschen sowie Walgesänge ersetzen am Weihnachtsabend »Oh du fröhliche« und die »Bergpredigt« die klassische Weihnachtsgeschichte. Und die frohe Botschaft kommt von Bhagwan: »Alles ist so, wie Du es siehst. Lebe den Moment und betritt den Raum mit der Aura grundgütiger Liebe.«

Ihr letzter Auftritt

Der Philosoph Aristoteles geißelte ihn als Flucht und Ausdruck von Feigheit, der Dichter Albert Camus indes als Vollendung eines ohnehin absurden Daseins: den Freitod. »Mit steigendem Alter geraten körperliche und physische Funktionen in hohen Jahren immer stärker und länger aus dem Tritt«, stellte der Altersforscher Paul B. Baltes fest, »hier öffnet sich die Schere zwischen Lebenslänge und Lebensqualität.« Demenz oder andere, nicht mehr heilbare Krankheiten stellen sich ein und führen zu oft jahrelangem Siechtum. Für viele der neuen Alten wird allein die Vorstellung von einem Dasein in Pflegeheimen oder Sterbehospizen am Ende ihres Lebens unerträglich sein. Ihre Devise lautete stets, ein Leben in Selbstverwirklichung und Selbstbestimmung zu führen. Das wird auch für den Übergang in den Tod gelten.

Diese Forderung nach Selbstbestimmung des Menschen zieht sich wie ein roter Faden durch das Leben der 68er-Generation. Sie betraf Fragen der Lebensführung wie beim Drogenkonsum, Fragen der Moral wie bei der Sexualität und schließlich existentielle Fragen wie bei der Abtreibung. Und auch der Tod gehört zum prägenden Erfahrungsschatz dieser Generation – so bei vielen ihrer Ikonen des Pops und der Hippies, den Opfern der politischen Szene, aber auch den ganz normalen Jugendlichen, die in jungen Jahren an Drogenkonsum starben.

Fragen nach dem Sinn des Lebens und dem Tod beschäftigen Menschen in den verschiedenen Lebensabschnitten unterschiedlich. Die Diskussionen und Gedanken dazu werden von der jeweiligen Lebenswirklichkeit, Einstellungen, Zeitgeist und Erfahrungen beeinflußt. Deshalb stellt sich auch die Frage nach Sterben und Tod mit Anfang zwanzig anders als mit sechzig oder siebzig.

Wie werden die neuen Alten mit dem Tod umgehen? Die Frage der Selbstbestimmung zwischen Leben und Tod jedenfalls steht bisher im Widerspruch zu jeder christlichen Tradition. Dennoch ist das gesellschaftliche Feld in Deutschland im Umbruch. Eine Diskussion um Selbstmord, aktive und passive Sterbehilfe und um Fragen wie: »Wann ist mein Leben nicht mehr lebenswert?« und »Was bedeutet ›humanes‹ Sterben?« hat bereits begonnen. Die 68er sind dabei, den Selbstmord im Alter zu enttabuisieren.

Heiner Geißler, Ex-Generalsekretär der CDU, zeigte sich einmal tief beeindruckt von dem Stellenwert, den die Selbstbestimmung für die 68er-Generation einnahm: »Ich stehe der 68er-Revolution relativ positiv gegenüber«, bekannte er. »Es war einfach positiv, daß junge Menschen selbständiger handeln wollten und konnten. Daß der Begriff Selbstbestimmung eine wichtige Rolle zugesprochen bekam.«

Die Selbstbestimmung ist es schließlich, die die 68er-Generation dem französischen Existentialismus und neben Sartre vor allem Albert Camus so nahe bringt. Der in Algerien geborene Existentialist gilt als Dichter des Absurden. Seine Werke kreisen um die philosophische Frage nach dem Sinn des Lebens. Da am Ende des Lebens der Tod steht, bezeichnet Camus die existentielle Grundsituation als absurd. Es existiere nichts Festes im Leben, nichts, an das sich der Mensch halten könne, alles sei beliebig. Daraus ergeben sich für ihn drei mögliche Reaktionsweisen:

- die Verzweiflung
- die Bejahung des Lebens
- der Selbstmord

In »Der Mythos von Sisyphos« beschreibt Albert Camus die Situation so: »Bevor der Mensch dem Absurden begegnet, lebt er mit Zielen, mit der Sorge um die Zukunft oder um eine Rechtfertigung. Er rechnet mit seiner Pensionierung und mit der Arbeit seiner Söhne. Er glaubt, daß irgend etwas im Leben gelenkt werden könne. Er handelt, als wäre er frei. Nach der Begegnung mit dem Absurden ist alles erschüttert. Die Vorstellung, das alles hätte einen Sinn, wird durch das Absurde Lügen gestraft. Der absurde Mensch begreift, daß die Freiheit nicht existiert, daß der Tod da ist als einzige Realität. Er hat nicht die Freiheit fortzudauern. Gleichzeitig begreift aber der absurde Mensch auch, daß er bisher durch die Illusion, von der er lebte, an dieses Postulat der Freiheit gebunden war: Je mehr ich hoffe, je mehr ich mein Leben ordne, um so mehr Schranken schaffe ich, in die ich das Leben einzwänge. Das Absurde klärt mich über diesen Punkt auf, es gibt kein Morgen, das ist die Begründung meiner tiefsten Freiheit.« Und weiter: »Es gibt nur ein wirklich ernsthaftes philosophisches Problem: den Selbstmord. Sich entscheiden, ob das Leben es wert ist, gelebt zu werden oder nicht, heißt, auf die Grundfrage der Philosophie antworten. Alles andere – ob die Welt drei Dimensionen oder der Geist neun oder zwölf Kategorien hat – kommt später. Das sind Spielereien, erst muß man antworten.«

Camus' Gedanken – eine moderne Philosophie für eine Debatte über den Lebenssinn und die Existenz im hohen Alter. Die 68er werden die Diskussion darüber ausweiten, ob und in welcher Form neben dem selbstgewählten Suizid die Sterbehilfe ethisch, rechtlich und medizinisch zu rechtfertigen ist.

Untersuchungen wie die des Gerantopsychologen Norbert Erlemeier zeigen, daß die Suizidrate unter älteren Menschen kontinuierlich steigt. Nach neuesten Datenquellen nehmen sich in Deutschland etwa 20000 Menschen pro Jahr das Leben – viermal mehr, als durch Verkehrsunfälle sterben. Erlemeier schätzt, daß in der Gruppe der über 65jährigen der Anteil doppelt so hoch ist wie in der Gesamtbevölkerung. Für den Wissenschaftler steht auch fest, daß sich der Trend in der Altersgruppe der über 75jährigen noch deutlich verstärkt.

Der Suizidforscher Kurt Schobert hat die Motivlage für Selbstmorde untersucht und nannte dafür folgende Gründe:

- Alter
- Furcht vor schwerer Krankheit und/oder Schmerzen
- Mißhandlungen
- Zorn, Wut
- Scham
- verletzte Ehre
- als erniedrigend empfundener Todeskampf
- enttäuschte Liebe
- Eifersucht
- Armut
- seelisches Leid
- psychische Erkrankung
- höherer Bildungsgrad

Es ist anzunehmen, daß die neuen Alten künftig vermehrt auch in Erwägung ziehen, ihrer Existenz selbst ein Ende zu bereiten, denn sie werden sich das Recht auf Selbstbestimmung auch im Alter nicht nehmen lassen.

Motive für einen Suizid sind nur unter Einbeziehung biographischer Aspekte und der gesamten Lebenssituation des Menschen angemessen zu verstehen. Manchmal ist der Freitod sogar maßgeblich kulturell bedingt. Die Suruahá-Indianer etwa kennen in ihrer Begriffswelt das Wort Selbstmord nicht, obwohl sich die Hälfte des Stammes in den letzten zehn Jahren durch eine Droge umgebracht hat. Die Droge »Komadi«, ein Gemisch aus Rindenasche und Tabakpulver, öffnet den Indianern die Tür ins Jenseits. Der durch dieses Rauschgift herbeigeführte Tod gehört zur Normalität des Stammes, stellte Roland Garve fest.

Wenn aber biographische und kulturelle Aspekte beim Selbstmord eine Rolle spielen, dann kann behauptet werden, dass die 68er-Generation tendenziell im Verhältnis zu anderen Generationen zu einer höheren Suizidbereitschaft neigen wird. Mit einer breiten öffentlichen Diskussion um das selbstbestimmte, humane Sterben werden die 68er ein letztes Mal ein Tabu brechen.

Das Vermächtnis

Wie einzelne Menschen, so können auch Generationen an ihrer Unsterblichkeit, ihrem Vermächtnis arbeiten. Vorausgesetzt, sie halten sich für bedeutend und sind einflußreich genug. Dies sind sie dann, wenn andere, nachfolgende Generationen von ihr maßgeblich beeinflußt werden. So wie Cheops glaubte, daß ihm und seinem Hofstaat die Pyramide zustand, glauben die 68er heute, daß ihre Generation etwas zu bewahren hat, nämlich Geist und Erbe von 68.

Ein Pharao der Moderne hat es jedoch wesentlich schwerer, seinen Fingerabdruck für die Ewigkeit zu hinterlassen. Der Neuzeitmensch im Medien- und Informationszeitalter legt sein Geld in Stiftungen an, schreibt einen nach ihm benannten Preis aus oder eine Autobiographie, die nach seinem Ableben möglichst verfilmt werden sollte, sponsert Museen und Galerien oder versucht durch Straßen oder imposante Gebäude, die seinen Namen tragen, in Erinnerung zu bleiben. Politiker wiederum versuchen gelegentlich, sich mit einem Gesetz ein Denkmal zu setzen. Die anspruchsloseste Möglichkeit ist ein kolossaler Grabstein mit einer möglichst intelligenten Inschrift, die natürlichste immer noch die Vermehrung durch Kinder. Jeder Mensch möchte sein Leben dem Vergessen entreißen, präsent bleiben, sich nicht nur einfach von der Bühne verabschieden. Die Bemühungen, dieses Ziel wirklich zu erreichen, sind so vielfältig wie die Begabungen und Talente der Menschen.

Jim Morrison zum Beispiel, der Sänger der Doors, wurde auf dem Friedhof Cimetière du Père Lachaise begraben, dem weltberühmtem Friedhof in Paris, auf dem neben anderen der Musiker Frédéric Chopin und der Schriftsteller Honoré de Balzac beerdigt wurden. Auf seinem Grabstein steht in Griechisch: »KATA TON ΔIMONA EAYTOY«. Übersetzt heißt das in etwa »Zerstöre den Dämon in dir«. Das Grab von Morrison wird neuerdings rund um die Uhr von der französischen Polizei überwacht, weil Fans in alter Tradition nicht nur Blumen bringen, sondern auch Bierdosen, Valium-Tabletten, Kokainbestecke, Joints, Whiskeyflaschen und Zigarettenstummel. Zum Todestag von Morrison sollen sich dort regelmäßig bekannte 68er-Rockbands, unter ihnen die Rolling Stones, versammeln, um sich an alte Zeiten und Jim zu erinnern.

Dieser Geist von 68, der global eingebettet war in die Musik der Beatles und Doors, die Kunst von Andy Warhol und Roy Lichtenstein, in die Ereignisse des Vietnamkriegs und der Morde an Martin Luther King und Robert Kennedy, der die Frauen-, Alternativ-, Friedens-, Schwulen- und Lesben-, Ökologie- und

Bürgerrechtsbewegung ermöglichte und eine Gegenkultur und permanent neue Lebensformen entwickelte, verlangt über die Vergänglichkeit hinaus nach einem Vermächtnis.

Bücher über die 68er-Generation für »die Welt danach« gibt es bereits wie Sand am Meer. Sie reichen von Augenzeugenberichten, Analysen und Kommentaren der Studentenbewegten über Selbsterfahrungsfibeln von Ex-Hippies auf Ibiza oder Kalifornien bis hin zu Biographien von Mitläufern. In Zukunft erwarten uns ganz andere Aktivitäten: Es werden Kultstätten in Westeuropa und den USA entstehen, Straßen nach bekannten Persönlichkeiten benannt, Museen an berühmte Musikgruppen erinnern.

In Deutschland ist eine solche Entwicklung schon zu besichtigen. Die ersten Spielfilme über 68 gibt es bereits, so etwa die Lebensgeschichte von Uschi Obermaier »Das wilde Leben«. Und der Produzent Nico Hofmann, der schon aufwendige Doku-Dramen wie »Dresden« und »Die Luftbrücke« in Szene setzte, arbeitet an einem Fernseh-Epos über Rudi Dutschke. Ebenfalls im Frühjahr 2006 schlugen die Grünen in Charlottenburg-Wilmersdorf vor, ein 68er-Museum zu errichten, das ausgerechnet im Amerika-Haus – Ende der 60er Jahre Schauplatz wilder Protestaktionen gegen den Vietnamkrieg – untergebracht werden soll. Und demnächst wird in Berlin nach einem Beschluß der Bezirksverordnetenversammlung, und einem Bürgerentscheid ein Teilstück der Kochstraße in »Rudi-Dutschke-Straße« umbenannt werden, selbstverständlich der Bereich, der am Axel-Springer-Verlagshaus vorbeiführt.

Das eigentliche Erbe aber, das sie hinterlassen werden, wird ein anderes sein: eine völlig neue Vorstellung vom Leben im Alter, das nicht länger auf Gebrechen, Leid, Tristesse und Einsamkeit beschränkt ist, sondern das Aktivität, Zukunftshoffnung, Vitalität und Lebensfreude einschließt.

Quellen

Abels, Heinz: Einführung in die Soziologie, Band 2, Wiesbaden, 2002

Adam, Konrad: Vergangenheit, die nicht vergehen will, Die Welt, 16. 4. 2005

Adorno, Theodor W.: Der Positivismusstreit in der deutschen Soziologie, Darmstadt, 1980

Agnoli, Johannes: 1968 und die Folgen, Freiburg i. B., 1998

Albers, Detlev: Eigensinn begünstigen, Der Spiegel, 6/2005

Baltes, Paul B.: Oma muß ran, Die Zeit, 21/2005

Beauvoir, Simone de: Das Alter, Reinbek, 2004

Beck, Ulrich: Risikogesellschaft. Auf dem Weg in eine Moderne, Frankfurt a. M., 1986

Beck-Gernsheim, Elisabeth: Was kommt nach der Familie?, München, 2000

Berger, Peter L. / Luckmann, Thomas: »Die gesellschaftliche Konstruktion der Wirklichkeit«, Frankfurt a. M., 2003

Berghaus, Margot: Studie der Zeitungsgruppe BILD: Die 68er Generation: Zwischen Cola und Corega-Tabs, 2002

Bergstedt, Jörg: Mythos Attac. Hintergründe, Hoffnungen, Handlungsmöglichkeiten, Frankfurt a. M., 2004

Berlin-Institut: Deutschland 2020. Die demographische Zukunft der Nation, 2005

Bischof-Köhler, Doris: Von Natur aus anders. Die Psychologie der Geschlechtsunterschiede, Stuttgart, 2002

Bohrer, Karl Heinz: Achtundsechziger – Fantasie, die keine war, Die Zeit, 38/2004

Bude, Heinz: Das Altern einer Generation – die Jahrgänge 1938–1948«, Frankfurt a. M., 1995

Busche, Jürgen: Die 68er. Biographie einer Generation, Berlin, 2003

Camus, Albert: »Der Mythos des Sisyphos«, Reinbek, 2004

Cassirer, Ernst: Philosophie der symbolischen Formen, Zweiter Teil: Das mythische Denken, Darmstadt, 1977

Cohn-Bendit, Daniel: Wir haben sie so geliebt, die Revolution, Berlin, Wien, 2001

Dahrendorf, Ralf: Versuchungen der Unfreiheit, München, 2006

David-Néel, Alexandra: Unsterblichkeit und Wiedergeburt, München, 2002

Der Fischer-Weltalmanach: 2004 – das Original, Frankfurt a. M., 2003

Dießenbacher, Hartmut: Das Recht auf Leben – Pflicht zum Sterben, Stuttgart, 1987

Dohnanyi, Klaus von: Die 68er – ein großer Selbstbetrug, Die Welt, 8. 5. 2003

Durkheim, Emile: Der Selbstmord, Frankfurt a. M., 1983

Enquete-Kommission des Deutschen Bundestages, 14. Wahlperiode: Demographischer Wandel –

Herausforderung unserer älter werdenden Gesellschaft an den Einzelnen und die Politik

Erlemeier, Nobert: Suizidalität im Alter, Bericht über den aktuellen Forschungsstand. Studie des Bundesministeriums für Familie und Senioren, Stuttgart, 1992

Esser, Hartmut: Soziologie, Frankfurt a.M., 1999

Etzold, Sabine: Der Rat der Greise, Die Zeit, 33/2003

Feldmann, Klaus: Soziologie kompakt, Wiesbaden, 2001

Fenn, Johannes: Gott persönlich kennengelernt, www.evangelium.de, 12. 5. 2006

Fromm, Erich: Die Kunst des Liebens, Berlin, München, 1980

Fromm, Erich: Haben oder Sein, Die seelischen Grundlagen einer neuen Gesellschaft, Frankfurt a. M., 1997

Garve, Roland: Die Amazonas-Indianer, München, 2002

Gerdsen, Peter: Die Anti-Sakramente der modernen Pseudo-Religion, Professorenforum-Journal 2006, Vol. 7, Nr. 1

Gesellschaft für Konsumforschung: Gottlieb Duttweiler Institut: Generation Gold, GDI – Impuls, 1/2005

Geyer, Matthias/Kurbjuweit, Dirk: Das Gute an Rot-Grün, Der Spiegel, 14/2005

Giddens, Anthony: Soziologie, Graz, 1995

Gilcher-Holtey, Ingrid: Die 68er Bewegung. Deutschland – Westeuropa – USA, München, 2003

Glotz, Peter: Von Heimat zu Heimat, Erinnerungen eines Grenzgängers, Berlin, 2005

Goffman, Erving: Wir alle spielen Theater, München, 2002

Göttin der Hippies, Der Spiegel, 18/2006

Grauhaarige Windelwechsler, Welt am Sonntag, 5. 9. 2006

Grefe, Christiane: Alt, 68er, Die Zeit, 8/2003

Gronemeyer, Reimer: Die Entfernung vom Wolfsrudel. Über den drohenden Krieg der Jungen gegen die Alten, Berlin, 1989

Gronemeyer, Reimer: Kampf der Generationen, München, 2004

Groß, Thomas: Die Unfähigkeit zu altern, Die Zeit, 6/2003

Haavio-Mannila, Elina (u. a.): Sexuelle Lebensstile in drei Generationen. Eine Analyse autobiographischer Geschichten über Sexualität und Beziehung, Zeitschrift für Sexualforschung 16/2003, S. 143–159

Heidkamp, Konrad: Roman: Hey, was tut sich so, Die Zeit, 8/2004

Hennecke, Hans Jörg: Die dritte Republik. Aufbruch und Ernüchterung, Berlin, 2003

Herzinger, Richard: Berliner Mief, Die Zeit, 39/1999

Hoerning, Erika: Grundfragen der Soziologie des Lebenslaufs. Makrosoziale Perspektiven des Lebenslaufs, Kurs 3635 der Fern-Universität Hagen, 1994

Höfer, Max A.: Durchschnittsalter 66, Cicero. Magazin für politische Kultur, 4/2006

Institut der deutschen Wirtschaft Köln, Roman Herzog Institut: Deutschland altert. Die demographische Herausforderung, 2004

Interview mit Heiner Geißler, Deutsches Sonntagsblatt, 1/1998

Joffe, Josef: Kinderschwund – na und?, Die Zeit, 13/2006

Jordan, Stefan (Hrsg.): Lexikon der Geschichtswissenschaften, Leipzig, 2002

Kamann, Matthias: Abschied der Linken, Die Welt, 28. 5. 2005

Kammerer, Steffi: Ich glaube an Märchen, Welt am Sonntag, 34/2004

Keupp, Heiner (u. a.): Identitäts-Konstruktionen, Reinbek, 2006

Korte, Hermann/Schäfers, Bernhard (Hrsg.): Einführung in die Hauptbegriffe der Soziologie, Wiesbaden, 2002

Krause, Tilman: Sie bleiben die Alten, Die Welt, 16. 7. 2005

Kraushaar, Wolfgang: Denkmodelle der 68er-Bewegung, Aus Politik und Zeitgeschichte, B22–23/2001

Kruse, Kuno: Es geht wieder, Stern, 27. 7. 2004

Kuenheim, Haug von: Tickt Herzog noch richtig?, Die Zeit, 47/2005

Kuenheim, Haug von: Wie man in Deutschland alt wird, Die Zeit, 13/2004

Kurlansky, Mark: 1968. Das Jahr, das die Welt veränderte, Köln, 2005

Langguth, Gerd: Mythos 68, München, 2001

Langhans, Rainer zit. n.: Hippies – Die Geschichte der Blumenkinder, TV-Beitrag, rbb, 2004

Lehr, Ursula: Psychologie des Alterns, Wiebelsheim, 2003

Leinemann, Jürgen: Am Ende des Langen Marsches, Der Spiegel, 25/1997

Leinemann, Jürgen: Die ewigen Rebellen, Der Spiegel, 46/1995

Liebe und Sex im Alter, TV-Beitrag in aspekte, ZDF, 21. 7. 2006

Looß, Annekatrin: Reisespaß im besten Alter, Die Welt, 15. 1. 2005

Lott, Sylvia: Jetzt oder nie! Best Ager gesund auf Reisen, Econ, 2005

Lütkehaus, Ludger: Die Metaphysik der dummen Kerle, Die Zeit, 28/2000.

Marcuse, Herbert: Der eindimensionale Mensch, Darmstadt, 1979

Maron, Monika zit. n.: Haug von Kuenheim, Wie man in Deutschland alt wird, Die Zeit, 13/2004

Martenstein, Harald: Rentenkinder, Die Zeit, 17/2006

Mayer, Susanne: Unsere teuren Alten. Wir. Die Zeit, 17/2004

Miegel, Meinhard: Die deformierte Gesellschaft, Berlin, Frankfurt a. M., 2003

Miegel, Meinhard: Die verkannte Revolution (1), Bonn, 1983

Miles, Barry: Hippies, München, 2003

Mitscherlich, Alexander und Margarete: Die Idee des Friedens und die menschliche Aggressivität, Frankfurt a. M., 1993

Mitscherlich, Alexander und Margarete: Die Unfähigkeit zu trauern. Grundlagen kollektiven Handelns, München, 2004

Mohr, Reinhard: Zorn auf die roten Jahre, Der Spiegel, 4/2001

Niejahr, Elisabeth: Wenn die Alten jünger werden, Die Zeit, 39/2004

Niejahr, Elisabeth: Wirtschaftswunder in Grau, Die Zeit, 51/2003

Opaschowski, Horst W: Der Generationenpakt, Darmstadt, 2003

Peukert, Rüdiger: Familienformen im sozialen Wandel, Opladen, 2005

Piel, Edgar: Institut für Demoskopie Allensbach, zit. n. http://religion.orf.at/tv/news/ne01128_aberglaube.htm

Posener, Alan: Die globale Revolution, Die Welt, 15. 10. 2005

Prahl, H.-W./Schroeter K. R.: Soziologie des Alters, Paderborn, 1996

Reitter, Karl: Die 68er-Bewegung. Versuch einer Darstellung, in: Grundrisse, 31. 8. 2001

Riehl-Heyse, Herbert: Jugendwahn und Altersstarrsinn, München, 2003

Ritter, Henning: Das Erbe von Achtundsechzig, FAZ, 1. 9. 2005

Robert-Bosch-Stiftung GmbH Stuttgart (Hrsg.): Starke Familie, Bericht der Kommission Familie und demographischer Wandel, 2005

Röhl, Bettina: Trau keinem 68er!, eigentümlich frei, 32/2003

Röhl, Klaus Rainer: Deutsches Phrasenlexikon, Frankfurt a. M., 1995

Rosenbaum, Ulrich: www.toskanafraktion.de

Rosenmayr, Leopold: Die späte Freiheit, München, 1983

Sander, Helke zit. n.: Christiane Grefe, Alt, 68er, Die Zeit, 8/2003

Schelsky, Helmut: Die skeptische Generation, Frankfurt a. M., 1984

Scherf, Henning: Grau ist bunt. Was im Alter möglich ist, Freiburg, 2006

Schirrmacher, Frank: Das Methusalem-Komplott, München, 2004

Schlink, Bernhard: Die erschöpfte Generation, Der Spiegel, 1/2003

Schnibben, Cordt: Die Achtundsechziger – Vollstrecker des Weltgewissens, Der Spiegel, 23/1997

Schobert, Kurt: Warum Menschen sich töten, Frankfurt a. M., 1989

Schroeder, Klaus: Ganz und gar gnadenlos, Frankfurter Allgemeine Sonntagszeitung, 34/2004

Schüle, Christian: Schrei nach Stille, Die Zeit, 11/2004

Schüller, Heidi: Wir Zukunftsdiebe, Reinbek, 1997

Schwabe, Alexander: Opa ist okay, Spiegel Online, 3. 5. 2006

Soboczynski, Adam: Später Absprung, Die Zeit, 20/2005

Sontheimer Kurt: Gegen den Mythos der 68er, Die Zeit, 7/2001

Sontheimer, Kurt: Das Elend unserer Intellektuellen, Hamburg, 1976

Sontheimer, Kurt: Eine Generation der Gescheiterten, Die Zeit, 15/1993

Spiegel spezial, Jung im Kopf: Senioren verzweifelt gesucht, 8/2006

Strassmann, Burkhard: Alters Heim, Die Zeit, 47/2005

Stürmer, Michael: Was Studenten bewegt, Die Welt, 4. 12. 2003

Sydow, Kerstin von: Weibliche Sexualität im mittleren und höheren Erwachsenenalter, Zeitschrift für Gerontologie 25

Türcke, Christoph: Gewalt und Tabu. Philosophische Grenzgänge, Verlag zu Klampen 1987

Wer sind die 500 wichtigsten Intellektuellen?, Cicero, Magazin für politische Kultur, 4/2006

Unser Dank gilt Günter Böhme, der als Angehöriger der Vor-68er-Generation das Buch mit seinen Anregungen bereichert hat. Ein Dank auch an einige Kollegen im baden-württembergischen Wirtschaftsministerium, die als Nach-68er-Generation manche These kritisch hinterfragt haben.

»Man muß sich die Kunden des Aufbau-Verlages als glückliche Menschen vorstellen.«

SÜDDEUTSCHE ZEITUNG

Das Kundenmagazin der Aufbau Verlagsgruppe finden Sie kostenlos in Ihrer Buchhandlung und als Download unter www.aufbauverlagsgruppe.de. Abonnieren Sie auch online unseren kostenlosen Newsletter.